HERDERBÜCHEREI
»TEXTE ZUM NACHDENKEN«

HERAUSGEGEBEN VON
GERTRUDE UND THOMAS SARTORY

BAND 1557

»Texte zum Nachdenken«

In den Büchern der Menschheit ist eine Fülle von Texten zu finden, die das Bewußtsein weiten und verändern, die Seele wandeln. Vorausgesetzt, man liest diese Texte wieder und wieder, läßt sie immer tiefer eindringen in Geist und Herz. Hier trennt nicht die Fremde der Zeit oder die Ferne der Kontinente, denn in tieferen Schichten der Seele sind alle Menschen einander verwandt.

Diese seit Jahren bewährte Reihe der Herderbücherei wurde von Thomas und Gertrude Sartory begründet. Eine Reihe von Dichtern und Denkern, Heiligen und Weisen kamen in ihr bereits zu Wort. In jedem Band wird eine andere Gestalt oder Tradition für Leser von heute erschlossen, jeweils unter einer Fragestellung, die uns in unserer Zeit besonders bewegt. Die schöne Gestaltung eines jeden Bandes lädt zum verweilenden Lesen ein, aber auch zum Verschenken.

Seit dem Tod von Thomas Sartory († 1982) führt Gertrude Sartory als Herausgeberin die Reihe weiter. Dr. iur. can. Gertrude Sartory, 1923 in Hamm geboren, ist freiberuflich als Publizistin tätig.

Ihre Anschrift: 8301 Niederaichbach bei Landshut.

Dieses Buch ist der 60. Band in der Reihe »Texte zum Nachdenken«.

Margareta von Borsig, geboren 1944 in Velden/Vils, studierte Altphilologie, dann Japanologie, Sinologie, Philosophie und Theologie. Dr. phil. 1974 in München. Erstmalige Übersetzung des Lotos-Sūtra aus dem Chinesischen ins Deutsche. Übersetzungen japanischer Märchen und Kinderbücher. Veröffentlichungen zum christlich-buddhistischen Dialog.

UNTER DEM LÄCHELN BUDDHAS

MÄRCHEN AUS INDIEN UND JAPAN

Übersetzt und erzählt
von Margareta von Borsig

HERDERBÜCHEREI

Originalausgabe
erstmals veröffentlicht als Herder-Taschenbuch
Buchumschlag: Willy Kretzer

Gesetzt in der Times-Antiqua (Digiset)
Herder Freiburg · Basel · Wien
Gesamtherstellung:
Offizin Herder in Freiburg im Breisgau 1988
ISBN 3-451-08557-7

FÜR MEINE MUTTER
ZUM 70. GEBURTSTAG

INHALT

Vorwort 9

Einleitung: Märchen aus Indien und Japan 11

Die Geschichte von Sarabha, dem starken Hirschen *(Indien)* 27

Der geduldige Büffel *(Indien)* 35

Die Mandarinente von Aso *(Japan)* 37

Der Bodhisattva und die Tigermutter *(Indien)* 41

Die Geschichte von dem Wachteljungen oder Das Feuer im Wald *(Indien)* 43

Mango-Baum und Affenkönig *(Indien)* 46

Yōko, das Meereskind, und Gen-ichi, der Erstgeborene, zur Kirschblütenzeit *(Japan)* 52

Der Erbprinz Vessantara *(Indien)* 65

Die entschwundene Traumverwandlungs-Kannon (Bodhisattva der Barmherzigkeit) *(Japan)* 108

Der große Elefant *(Indien)* 117

Das Regenbogenfederkleid *(Japan)* 122

Der Bodhisattva und die Lotosstiele *(Indien)* 129

Die Geschichte vom Fischkönig *(Indien)* 137

Die wunderbare Erscheinung der Kannon von Nariai in der Provinz Tango in Japan *(Japan)* 140

Das Kirschbaumharmonium *(Japan)* 146

Die Gabe des Hasen *(Indien)* 151

Bibliographie 158

VORWORT

Bevor mein Mann und ich die geneigten Leser in die ferne und lockende Welt der Märchen aus Indien und Japan einführen, möchte ich meiner Mutter, der das Buch zum 70. Geburtstag in erster Linie gewidmet ist, für alle unermüdliche Liebe, Güte und Hilfsbereitschaft danken, mit der sie uns Kannon, die Gottheit der Barmherzigkeit in Asien und Maria, die Mutter Jesu an seinem Weg, Kreuzweg, an seiner resurrectio und Pfingsten verstehen läßt. Danken möchte ich ferner meiner Schwester Rosina, die ihre beruflich gelernte Maieutik wie Sokrates auch bei Familienmitgliedern in verschiedensten Situationen mit Erfolg und Einsatzbereitschaft anwendet und damit auch einen Kannon-Aspekt zeigt. In den Kreis der Kannon-Inkarnationen möchte ich auch Annelise Harmsen-von Borsig, unsere unvergeßliche, 85 Jahre alt gewordene Borsig-Tante, einreihen, die die Fürsorge für andere Menschen zu ihrem Beruf gemacht hatte und diesen »Beruf« dann auf Familie und Freunde übertrug. Ein liebevolles »in memoriam« für sie. Meinem lieben jüngeren Bruder Hans und seiner Familie möchte ich die hiesige Geschichte von der »Traumverwandlungs-Kannon« zueignen. Danken möchte ich ferner meinem Mann Manfred für vielfältige Anregungen, für die Mitautorenschaft bei der Einleitung dieses Buches und fachlich intensive, »kosmisch« weite Gespräche über Buddhismus, Indien und Japan, wodurch er – wie schon frühere Bücher von mir – auch dieses Buch wesentlich förderte. Ihm ist die Erzählung »Yōko, Meereskind, und Genichi, Erstgeborener« in amore zugedacht.

Unseren beiden Nichten, der zarten blauäugigen »Lotosblüte« Veronika (mit dem Schweißtuch) und dem Sonntagskind des Vorjahres, der rosa Kirschblüte Marie-Anne, ist die Geschichte vom »Kirschbaum-Harmonium« in inniger Liebe gewidmet.

Von der Musik des japanischen Kirschbaums irgendwie mitgetragen sollen sein die Heisenberg-Buben vom finsteren fränkischen Schloß und unsere sechs weiteren Patenkinder Ina, Wolfgang, Franziska, Friederike einschließlich Dorothea im fernen Amerika und Lillemor-Anastasia in Schweden.

München, den 23. Januar 1988,
Geburtstag des Seligen P. Rupert Mayer

Margareta von Borsig

Einleitung

MÄRCHEN AUS INDIEN UND JAPAN

»Buddha mit dem Sonnengesicht, Buddha mit dem Mondgesicht«, heißt es im Gesang eines Koans, Rätselspruchs, des Zen-Buddhismus in Asien[1]. Und »Buddha mit dem Sonnengesicht und Buddha mit dem Mondgesicht« leuchtet über all den vielfältigen und wunderbaren, freudvollen und leidvollen Begebenheiten, von denen in den buddhistischen Märchen aus Indien und Japan dieses Bändchens hier erzählt wird.

Bei den Märchen aus Indien handelt es sich durchwegs um Jātakas, d. h. »Geburtsgeschichten« (jāta = Geburt). Es sind Erzählungen von früheren Existenzen Buddha Śākyamunis, als er noch ein Bodhisattva war, also noch vor der Erleuchtung stand. Die Märchen aus Japan sind verschiedenen Genres, teils aus alter Literatur entnommen, mukashibanashi, d. h. Erzählungen aus alter Zeit, auch Nō-Spielen, dem altjapanischen Drama, nacherzählt, teils moderne Geschichten, die alle buddhistischen Stoff in sich bergen. In diesem Buch hier sind die Geschichten aus Indien und Japan in gemischter Reihenfolge aufgeführt, so daß die indischen »Geburtsgeschichten«, die zum großen Teil Opfergeschichten sind, mit den japanischen Märchen, die zum großen Teil Liebesgeschichten enthalten, abwechseln.

Um mit den Jātakas zu beginnen: Johannes Mehlig schreibt: »Im Alter allen anderen Märchen der indischen Literatur voran stehen die buddhistischen Geschichten, die sogenannten Jātakas.«[2] Theodor Benfey ging sogar so weit, daß er glaubte, der Ursprung aller Märchen sei im Buddhismus zu finden. Édouard Chavannes führt in der Einleitung zu seiner umfangreichen Jātaka-Übersetzung an, daß bei den meisten Geschichten der Welt die älteste geschriebene Fassung im Buddhismus aufbewahrt sei, und daher dieser auch, wie Benfey meinte, als der Ausgangspunkt für die Wanderschaft der verschiedenen Erzählungen angesehen werden sollte[3].

Die Jātakas, die Erzählungen aus früheren Lebensläufen Buddhas als Bodhisattva, werden Buddha in den Mund gelegt und sie sind sowohl literarische Märchen als auch religiöse Predigt. Man muß sich vorstellen, daß die Bettelmönche sie verbreiteten, während sie von Tür zu Tür gingen und ihre Nahrung suchten. Im Lotos-Sūtra heißt es in Kapitel II »Geschicklichkeit«, daß Buddha Śākyamuni auf verschiedene Weisen predigt, auch eben in Form der Jātakas, der Geburtsgeschichten. Buddha Śākyamuni und die nachfolgenden buddhistischen Mönche haben in unerschöpflichem Reichtum Jātakas gepredigt und das Jātaka-Buch ist äußerst umfangreich.

Für das Volk waren die Jātakas die Hauptquelle des Buddhismus. Die kahlgeschorenen Mönche fuhren mit ihren Booten auf den breiten Flüssen in Indien, auch auf dem unermeßlich dahinströmenden heiligen Ganges, nahmen unbewegten Gesichts in aller Demut die Gaben entgegen und erzählten dem Volk die Jātakas, die Geburtsgeschichten, Opfergeschichten, von denen das einfache Volk lebte und durch die es sein Leben, von Höherem gehalten, ertrug.

Zunächst also wurden die Jātakas mündlich verbreitet und zwar in Form von Versen, Gāthās, später wurden Erklärungen in Prosa hinzugefügt.

Jātakas in dieser Form wurden im sogenannten Jātaka-Kommentar in Pāli zusammengefaßt, dem Jātakaṭṭhakathā. Dieser Jātaka-Kommentar wurde zu unbekannter Zeit ins Singhalesische übersetzt, wobei die Gāthās in der Pāli-Sprache blieben. Etwa im 5. Jahrhundert n. Chr. wurde das Werk wieder ins Pāli zurückübersetzt, vielleicht von Buddhaghosa. Der Titel lautete nun Jātakaṭṭhavaṇṇanā, »Beschreibung des Sinnes der Jātakas. Dieses Jātaka-Buch wurde durch Übersetzungen zugänglich gemacht, z. B. von Julius Dutoit[4].

Noch ein weiteres Werk ist wichtig für die hiesige Auswahl der Jātakas: Der indische Dichter Āryaśūra, der etwa im 4. Jahrhundert n. Chr. gelebt hat, verfaßte einen »Kranz von Jātakas«, die Jātakamālā. Āryaśūra wählte 34 Jātakas aus, die er in kunstvoller dichterischer Sprache in Prosa und Versen frei gestaltet hat[5]. Die Sprache ist Sanskrit und höfischen Kreisen angemessen. J.-S. Speyer[6] übersetzte die Jātakamālā 1895 ins Englische und aus diesem »Kranz von Geburtsgeschichten«, d. h. Erzählungen von früheren Existenzen Buddha Śākyamunis, pflückten wir die schönsten Blüten für die Leser dieses Bändchens.

Bilder von der Jātakamālā finden sich auf den Fresken der Höhlen von Ajanta u. Bharhut in Indien. Im Tempel Borobudur auf Java, dem gewaltigsten buddhistischen Denkmal, das es wohl gibt, sind die 34 Jātakas aus der Jātakamālā alle dargestellt[7].

Wovon handeln die Jātakas? Die Jātakas sind, wie schon gesagt, Erzählungen von früheren Existenzen des Buddha Śākyamuni, als er noch ein Bodhisattva, ein Erleuchtungswesen war, der erst auf die Erleuchtung zuging, und zwar durch Leiden, Opfer, Geduld und Hingabe. Winternitz[8] sagt, daß er die Jātakas, die – wörtlich – Geburtsgeschichten, auch gerne Bodhisattvageschichten nennen würde, da es sich in ihnen immer um den Bodhisattva vor der Erleuchtung handelt und – so möchten wir hinzufügen – auch die Wesensmerkmale eines Bodhisattva auf dichterische Weise in ihnen dargestellt werden. Somit gehört das Jātaka sowohl dem Hīnayāna[9] (Kleines Fahrzeug im Buddhismus) als auch dem Mahāyāna (Großes Fahrzeug) an: Es handelt vom Buddha als Bodhisattva in seinen früheren Lebensläufen (Hīnayāna-Bodhisattva) als auch wird der Bodhisattva in seinem Wesensideal u. Opfertum dargestellt (Mahāyāna-Bodhisattva).

Daß Buddha Śākyamuni ein Jātaka erzählt, wird durch ein aktuelles Ereignis hervorgerufen, und die Geschichte endet immer mit der Identifizierung der Handelnden aus der Vergangenheitsgeschichte mit den gegenwärtigen, um Buddha sich befindenden Personen. So ist der Aufbau im Jātaka-Buch. Āryaśūra erzählt hingegen nur die eigentliche Jātaka-Geschichte, und wir folgen ihm fast immer darin. Wenn wir schreiben, daß Jātaka-Geschichten Bodhisattva-Geschichten sind, so heißt das nicht, daß Buddha Śākyamuni in seiner früheren Existenz in der Geschichte immer auch in der *äußeren Gestalt* eines Bodhisattva auftritt. Es *kann* so sein, wie z. B. in der berühmten exemplarischen Geschichte »Opfer für die Tigermutter«, der ersten der Jātakamālā. In dieser Geschichte opfert sich der Bodhisattva für eine Tigermutter, die aus lebensbedrohlichem Hunger ihre eigenen Jungen verschlingen will. Er bewahrt sie davor, aus Hunger die Liebe zu ihren eigenen Jungen zu brechen und gibt sich ihr selbst zur Speise.

Diese berühmte indische Geschichte hat eine ebenso berühmte Abbildung in Japan erhalten: auf dem Tamamushi-Schrein[10] des Hōryūji-Tempels in Nara.

Bis Buddha Śākyamuni zum wahrhaft Erleuchteten wurde unter dem Feigenbaum in der Nähe von Gayā, mußte er, so lehrt er selbst und folgend der Buddhismus, in unzähligen Weltzeitaltern unzählige Wiedergeburten in verschiedensten Gestalten durchmachen, in Bodhisattva-, Menschen- und auch Tiergestalt[11].

In allen diesen Stufen aber erweist sich Buddha Śākyamuni seinem *inneren Wesen* nach als ein wahrer Bodhisattva, als eine Gestalt, die auf die Erleuchtung hingerichtet ist. Ja, Buddha Śākyamuni muß alle diese Existenzen durchmachen, um durch das Dunkel der Verwandlungen hindurch endlich *zum wahren*

Licht, zur Erleuchtung zu gelangen. So sind all diese Jātakas Geschichten, die schon durch das Handeln, die moralische Großtat der Hauptperson, des Helden, sei er in Bodhisattva-, Menschen- oder Tiergestalt, einen Schimmer der Erleuchtung aufscheinen lassen.

Oft wird z. B. erzählt, besonders in der Jātakamālā, daß Buddha in einer früheren Existenz als Tier lebte. So gibt es sehr schöne Tiergeschichten von Buddha Sākyamuni und wir haben eine ganze Reihe von ihnen ausgewählt.

Was aber bedeutet es, wenn wir sagen, daß Buddha auch in *äußerer Tiergestalt* in seinen früheren Existenzen seinem *inneren Wesen* nach ein *Bodhisattva* ist?

Was macht einen Bodhisattva aus?

Für einen Bodhisattva, den Helden eines Jātakas, ist es wesentlich, daß er die zehn vollkommenen Tugenden (skt. pāramitās) übt: Weil nämlich die Bodhisattvas »auf der Wesen Wohl bedacht sind, der Wesen Leiden nicht dulden, für die besonderen Glückszustände der Wesen – da sie keiner besonderen Seite zuneigen – gleiche Gesinnung zeigen, darum geben sie allen Wesen zu ihrer Beglückung (1) ›Gaben‹ (dāna) ... Indem sie es vermeiden, die Wesen zu verletzen, befolgen sie die (2) ›Sittlichkeit‹ (sīla). Um die Sittlichkeit zur Vollendung zu bringen, üben sie (3) ›Entsagung‹ (nekkhamma). Um hinsichtlich dessen, was für die Wesen heilsam und unheilsam ist, die Unverblendung zu erreichen, läutern sie ihr (4) ›Wissen‹ (pannā). Dem Heile und Wohle der

Wesen zuliebe strengen sie beständig ihre (5) ›Willenskraft‹ (viriya) an. Haben sie aber durch höchste Willenskraft selbst Heldenhaftigkeit erreicht, so sind sie dennoch voll (6) ›Nachsicht‹ (khanti) gegen die vielartigen Verfehlungen der Wesen. Ein gegebenes Versprechen, etwas zu geben oder zu tun, brechen sie nicht (7): ›Wahrhaftigkeit‹ (sacca). Mit unerschütterlichem ›Entschlusse‹ (adhiṭṭhana) wirken sie zum Heile und Wohle der Wesen. Mit unerschütterlicher (9) ›Güte‹ (mettā) dienen sie ihnen in hingebender Weise. In ihrem (10) ›Gleichmute‹ (upekkhā) erwarten sie keine Gegendienste.« [12]

Daß der Bodhisattva in Gestalt eines Büffels »voller ‚Nachsicht' (khanti) gegen die vielartigen Verfehlungen der Wesen ist«, zeigt sich gleich in der zweiten Geschichte dieses Bändchens »Der geduldige Büffel«. Obwohl der Büffel, der von einem törichten Affen durch Boshaftigkeiten ständig gereizt wird, weit stärker ist als der Affe, tut er diesem nichts zuleide und weicht nur geduldig aus.

Besonders wichtig bei diesen zehn Kardinaltugenden ist (1) dāna, die Gabe. Es handelt sich dabei nicht nur um Freigebigkeit bei Dingen, sondern um Hingabe allgemein, bis hin zur Hingabe des eigenen Lebens, wie es z. B. in der Geschichte »Opfer für die Tigermutter« gezeigt wird. Aber auch in anderen Erzählungen dieses Bändchens, wo der Bodhisattva in Tiergestalt auftritt, geht es um Hingabe des Lebens. Dies ist z. B. der Fall in der Erzählung »Mango und Affenkönig«, wo der Affenkönig mit seinem eigenen Leib eine Brücke über den Ganges-Strom bildet und so seine Affengruppe rettet, selbst aber mit dem Leben bezahlt, oder in »Der große Elefant«, wo sich der Elefant Menschen, die sich in der Wüste verirrten und am Verhungern sind, aus großem Mitleid und Barmherzigkeit heraus selbst zur Speise gibt.

Durch die Nacht des Todes hindurch schenkt der Bodhisattva, der Held der Jātakas, anderen Lebewesen das Licht des Lebens und gelangt so nach vielen Existenzen in Tier-, Menschen- und Bodhisattva-Gestalt hin zum göttlichen Licht seines eigenen Lebens, seiner Erleuchtung, und damit zu seiner Auferstehung als Buddha.

Diese Auferstehung drückt sich in dem unsterblichen Lächeln aus, das wir auf vielen Buddha-Köpfen in Stein widergespiegelt finden; es ist ein Lächeln der Initiation in die unvergängliche Quelle und das unvergängliche Geheimnis des Lebens. Man findet es lebendig z. B. bei P. Enomiya-Lassalle oder in Stein lebendig beim Buddha vom Borobudur (8. Jh. n. Ch.) im Indischen Museum in Berlin, beim Cangrande della Scala in Verona oder im Lächeln eines Kindes.

Unter diesem unsterblichen Lächeln Buddhas stehen alle diese Märchen oder aber sie führen auf es hin. Die Leidens- und Todesstrukturen des Lebens lösen sich in diesem Lächeln Buddhas.

Man könnte tatsächlich bei diesen Jātakas auch an den christlichen Satz denken: »Wenn das Weizenkorn nicht in die Erde fällt und stirbt, bleibt es allein, wenn es aber stirbt, bringt es viele Frucht.«

Der gekreuzigte Christus – der wahre Bodhisattva, so sieht es Kardinal Ratzinger[13].

Christliche Züge kann man entdecken gleich in der ersten Geschichte dieses Bändchens »Sarabha«. Obwohl Sarabha, der flinke, scheue Hirsch, von einem König gejagt wird, scheut er sich nicht, diesen, als er in einen Abgrund stürzt, auf dem eigenen Rücken herauszuholen und so zu retten. Sarabbha, der Held und Bodhisattva, zeigt damit Feindesliebe.

Sarabha hat, wie alle Tiere in den Jātaka-Geschichten, die Fähigkeit und Gabe des Menschen, nämlich zu sprechen, eine Fähigkeit, die manchmal die Tiere nützen und nicht die Menschen. In dieser Geschichte ermahnt das Tier Sarabha den Menschen, der König ist, das oberste Gesetz des Lebens zu achten: Leben zu schonen und »leben zu lassen«.

Besonders eingehen möchten wir noch auf das Vessantara-Jātaka, das Jātaka des Erbprinzen Vessantara. Dieses Jātaka ist eine Schlüsselgeschichte und hat deshalb auch einen anderen Umfang. »Es ist wohl die berühmteste und in der ganzen buddhistischen Welt beliebteste aller Legenden«, schreibt Winternitz[14]. Beim Erbprinzen Vessantara treten besonders die beiden Merkmale eines Bodhisattvas auf »dāna«, in diesem Falle »Freigebigkeit« und »sacca«, Wahrhaftigkeit, d.h. daß er sein gegebenes Versprechen nicht bricht. Der Erbprinz Vessantara hat das Gelübde gemacht, keinem Menschen etwas zu verweigern, der ihn um etwas bittet. Er will niemals durch eine Weigerung das Gesicht des Bittenden sich verdunkeln lassen. Der Erbprinz scheint von dem biblischen Satz durchdrungen zu sein »zu haben als hätte man nicht.« Er scheint von der – modern ausgedrückt – Dialektik durchdrungen, einerseits Erbprinz zu sein und alles an weltlichen Gütern zu besitzen und doch Staub vor einer höheren Macht zu sein und alles aus der »Hand« dieser höheren Macht des Lebens zu empfangen. Es ist eine Vorstellung außerhalb der üblichen Vorstellungen unserer heutigen Leistungsgesellschaft. Aber ist es nicht eine Vorstellung und ein Menschenbild dieses Erbprinzen Vessantara, das an den Hl. Franziskus[15] erinnert und unseres Nachdenkens wert ist? So gibt der Erbprinz Vessantara allen Bittenden ohne zu fragen. Er gibt selbst den für das Reich und im Kampf so wichtigen Elephanten dem Landesfeind, so daß ihn sein Vater, der König, verstößt. Seine junge Frau geht mit ihm und den beiden Kindern in die Verbannung. Noch einmal wird der Erbprinz Vessantara in der Verbannung hart geprüft, als ein böser Brāhmane ihn um seine Kinder bittet. Auch da bleibt der Erbprinz Vessantara bei seinem Entschluß und seinem Gelübde und gibt dem Brāhmanen die Kinder. Erschütternd sind die Klagen der Kleinen und der Jammer der Mutter.

Der Erbprinz Vessantara ist in dieser »Freigebigkeit« und Opferbereitschaft tatsächlich Schlüsselfigur und Vorläufergestalt für Buddha Śākyamuni, die nächste Reinkarnation, der um der Einsicht in den tiefsten Grund allen Lebens auf Frau und Sohn verzichtet und mit der Lebensmacht selbst in langen Jahren ringt, bis sich ihm »der Himmel öffnet« und die unsterbliche Erleuchtung auftut.

Noch heute aber rufen bei Rezitation oder Aufführrungen der Geschichte des »Erbprinzen Vessantara« die Szenen der Klagen der Kinder beim erzwungenen Abschied vom Vater, dem Erbprinzen, und des großen, unstillbaren Jammers der Mutter Tränenströme der Zuhörer oder Zuschauer hervor.

Schließlich aber wendet sich nach all den harten Prüfungen und der zwölfjährigen Verbannung, die der Erbprinz mit seiner jungen Frau durchsteht, alles zum Guten.

»Die Vessantara-Legende ist der Lieblingsschmuck buddhistischer Tempel. Ich habe sie dargestellt gesehen von Ceylon bis Kambodscha«, schreibt Paul Dahlke[16]. Mit dieser Legende wollen wir die Betrachtungen über die buddhistischen Märchen in Indien, die Jātakas, abschließen und zu den japanischen buddhistischen Märchen übergehen.

»Kannon und Kirschblüte« könnte man die buddhistischen Märchen aus Japan überschreiben. Sie sind verschieden von den indischen Jātakas, wenngleich das Bodhisattvatum auch hier eine wichtige Rolle spielt.

Die Märchen dieses Bändchens sind, wie schon eingangs gesagt, teils alter Literatur, wie z. B. dem Konjakumonogatari, entnommen, wie etwa die »Mandarinente von Aso«, teils Nō-Spielen, d. h. altjapanischen Dramen nacherzählt, wie das »Regenbogen-Federkleid«, und das »Kirschbaum-Harmonium« und »Yōko, Meereskind, und Gen-ichi, Erstgeborener, zur Kirschblütenzeit« sind moderne Erzählungen aus Japan.

Es gibt einen japanischen Spruch, der lautet:

»Wenn dich jemand fragt, wo die Seele Japans zu finden sei, so antworte: »Im Hauch der Kirschblüte zur Stunde des Sonnenaufgangs.« Und der »Hauch der Kirschblüte« zieht sich auch über einige dieser buddhistischen Märchen, wie z.B. dem »Kirschbaum-Harmonium«. Himmlische Feen bringen einen alten Kirschbaum noch einmal zum Blühen, indem sie an seine Knorpeln und seine verharzte Rinde warmen Atem hinblasen. Doch schließlich wird der Kirschbaum gefällt und ein Harmonium aus ihm gebaut. Dieses gibt nun dank der liebevollen Zuwendung durch die himmlischen Feen einen wundervollen Klang und erfreut die Kinderherzen, – ein Beweis, daß zugewendete Liebe und Mitleid, auch wenn sie umsonst scheinen, nicht verloren gehen in dieser Welt. Hier kommt die buddhistische Tugend des Mitleidens zum Tragen.

Der »Hauch der Kirschblüte« zieht sich auch über das Märchen des jungen Liebespaares Yōko und Gen-ichi (Meereskind und Erstgeborener), das in der alten japanischen Kaiserstadt Kyōto spielt. Trotz Schwierigkeiten findet ihre Liebe Erfüllung, auch dank der gütigen Mithilfe von Bodhisattva Kannon, dem Bodhisattva, der »die Rufe der Welt beachtet.«[17]

Auch in den anderen japanischen Märchen, dem »Regenbogen-Federkleid«, der »Kannon von Nariai« und der »Traumverwandlungs-Kannon« spielt Kannon, die in China und Japan als weibliche Gottheit verehrt wird, eine wichtige Rolle. Im »Regenbogen-Federkleid« tröstet Kannon als barmherzige Gottheit von der Abendwindenblüte den einsamen

Fischersohn, die »Kannon von Nariai«, eine Tempelstatue, verwandelt sich für den Tempelmönch, der tief eingeschneit zu verhungern droht, in Wildbret und die »Traumverwandlungs-Kannon« rettet als altes Holzfäller-Weiblein eine junge Frau und Mutter aus dem Bergwald.

So sind Kannon und Kirschblüte zwei unverwechselbare Elemente japanischen und buddhistischen Lebens – und dieser Märchen hier.

Margareta und Manfred von Borsig

Anmerkungen

1 Vgl. Bi-Yän-Lu, Meister Yüan-wu's Niederschrift von der Smaragdenen Felswand, verdeutscht und erläutert von Wilhelm Gundert. München 1964 S. 83.
2 Mehlig, Johannes: »Buddhistische Märchen«, Wiesbaden 1982, S. 7.
3 Chavannes, Édouard: »Cinq Cents Contes et Apologues.« Extraits du Tripitaka Chinois et traduits en Français. Bd. I, Paris 1910, S. XVII.
4 Vgl. Winternitz, Moriz: »Geschichte der indischen Literatur«, Bd. 2, Stuttgart 1968, S. 92f. (unveränderter Nachdruck der Auflage von 1920).
Zu Dutoit, Julius: »Jātakam. Das Buch der Erzählungen aus früheren Existenzen Buddhas«. Aus dem Pāli übersetzt von Julius Dutoit. Bd. 1–7, Leipzig 1908–1921.
5 Vgl. Winternitz, a.a.O., S. 212f.
6 Speyer, J. S.: The Gātakamālā or Garland of Birth-Stories by Ārya Sūra, trl. from the Sanskrit. London 1895.
7 Vgl. Winternitz, a.a.O., S. 126.
8 Vgl. Winternitz, a.a.O., S. 89.
9 Vgl. Borsig, Margareta von: Juwel des Lebens. Buddhas erleuchtetes Erbarmen. Aus dem Lotos-Sūtra. Freiburg i. Br. 1986, S. 24 (Herderbücherei. Texte zum Nachdenken. 1309).
10 Tamamushi-Schrein. Abgebildet in: Frühe buddhistische Malereien aus Japan. München 1963, Tafel 1.
11 Vgl. Borsig, a.a.O., S. 17f.
12 Nach Nyanatiloka »Buddhistisches Wörterbuch« 3. Aufl., Konstanz 1983, S. 159f.
13 Ratzinger, Joseph: Eschatologie – Tod u. ewiges Leben. Kleine Kath. Dogmatik IX, Regensburg 1977, S. 156.
14 Borsig, Margareta von: Juwel des Lebens, S. 15.
15 Winternitz, a.a.O., S. 123.
16 Zit. in Winternitz, a.a.O., S. 370 zu S. 124, Anm. 1.
17 Vgl. Borsig, a.a.O., S. 136.

UNTER DEM LÄCHELN BUDDHAS

DIE GESCHICHTE VON SARABHA, DEM STARKEN HIRSCHEN

Einstmals vor langer Zeit war der Bodhisattva ein starker Hirsch mit Namen Sarabha, der im entlegenen Teil eines Waldes lebte, jenseits vom Lärm und Getöse der Menschen. Der Wald hier war der Aufenthaltsort von vielen Tieren und seine vielen Wurzeln, Bäume und Sträucher wuchsen zwischen dickem, hohem Gras, das den Boden bedeckte. Weder hatten dieses Waldgebiet bisher Wanderer betreten noch zeigten sich Spuren von Wagen, die einen Pfad hätten bilden können. Doch war der Boden von Gräben und Schluchten durchschnitten und von Löchern und Ameisenhaufen durchzogen.

Der Hirsch Sarabha hatte einen kräftigen Körper, voll Stärke und Behendigkeit. Er zeichnete sich durch besonders schöne Hautfarbe aus. Da er das Mitleid übte, hegte er freundliche Gefühle gegenüber allen Tieren, und da er genügsam war, lebte er nur von Gras, Blättern und Wasser und war zufrieden mit seinem Aufenthalt im Wald. So zierte er diesen Teil des Waldes und sehnte sich wie ein Asket nach vollkommener Loslösung von den irdischen Begierden.

Eines Tages geschah es nun, daß der König, der der Herrscher über jenes Land war, nahe an jenen Platz herankam. Er saß hoch zu Roß und hielt Pfeil und Bogen in der Hand, um seine Geschicklichkeit bei der Jagd zu erproben. Mit Geschwindigkeit verfolgte er das Wild und war hingerissen von der Erregung des Jagens. So entfernte er sich mit seinem Pferd, einem Tier von außergewöhnlicher Behendigkeit, auf eine ziemliche Strecke von seinem Gefolge, Elephanten, Pferden, Wagen und Fußvolk. Sobald er das »Große Wesen« Sarabha von weitem erblickte, war er entschlossen, es zu töten. Indem er seinen gespannten Bogen mit eingelegtem scharfen Pfeil bereithielt, spornte er sein Pferd an, um den Bodhisattva zu jagen.

Doch kaum hatte der Bodhisattva den König zu Pferd wahrgenommen und seine Absicht, ihn anzugreifen, als er in höchster Geschwindigkeit die Flucht ergriff. Er tat dies nicht, weil er machtlos gewesen wäre, seinem Angreifer zu widerstehen, sondern weil er sich jeder Tat von Gewalt oder Zorn enthalten wollte. Verfolgt vom König, gelangte er auf seinem Weg an eine breite Kluft, er sprang rasch darüber hinweg, als ob es eine kleine Pfütze wäre und setzte seine Flucht fort. Als das hervorragende Pferd, das hinter Sarabha herrannte so schnell es konnte, an jener Kluft ankam, zögerte es, den Sprung zu wagen und stand plötzlich still. Der König fiel, mit seinem Bogen in der Hand, Hals über Kopf in das tiefe Loch hinein. Seine Augen auf Sarabha geheftet, hatte er die Kluft nicht bemerkt und so fiel er aus mangelnder Umsicht in die Schlucht. Er hatte das Gleichgewicht verloren, als das Pferd aus großer Geschwindigkeit so plötzlich verhielt.

Als nun der Bodhisattva merkte, daß der Klang der

trampelnden Hufe aufhörte, dachte er, daß der König vielleicht umgekehrt sei. Er blickte zurück und sah das Pferd ohne Reiter am Rand der Kluft stehen. Er überlegte, daß der König zweifellos in die Schlucht gefallen sei, denn weder ein schattiger Baum noch ein stiller Teich waren in der Nähe, die ihn zum Verweilen hätten einladen können. Sicherlich war der König in den Abgrund gestürzt. Nachdem der Bodhisattva sich dessen vergewissert hatte, fühlte er äußerstes Mitleid mit dem Menschen, der ihm nach dem Leben getrachtet hatte.

Er überlegte, daß der König ansonsten die Freuden des Königstums gewöhnt sei, an Menschenmengen, die ihn mit zusammengelegten Handflächen verehrten, an die Begleitung von Soldaten, von einer gemischten Schar von Reitern, Wagen, Fußvolk und Elephanten; ein schöner Schirm wurde über ihn gehalten, Musik ertönte – und nun lag er allein in der Tiefe jener Schlucht. Durch den Fall konnte er sich die Knochen gebrochen haben, das Bewußtsein konnte ihm geschwunden sein oder er wurde von Kummer gepeinigt. Welches Elend war über ihn gekommen! Einfache Menschen, deren Sinn von vielen Leiden sozusagen dickfellig geworden ist, werden von ihren Sorgen nicht so sehr beeinträchtigt wie Menschen von hohem Rang, wenn Leiden sie in Kummer stürzen, sie, die sonst an Freude gewöhnt sind.

Der Bodhisattva überlegte, daß der König nicht fähig sein würde, sich allein zu retten, und wenn noch Leben in ihm sei, wäre es nicht recht, ihn seinem

Schicksal zu überlassen. Mit diesen Gedanken und angetrieben von seinem Mitleid ging der Bodhisattva zum Rand des Abgrunds und sah den König dort unten sich abkämpfen. Seine Rüstung war mit Schmutz bedeckt und hatte ihren Glanz verloren, sein Diadem und seine Kleidung waren in Unordnung. Die Schmerzen, die er litt auf Grund der Stöße, die ihn getroffen hatten beim Fallen in den Abgrund, beeinträchtigten sein Bewußtsein und brachten ihn zur Verzweiflung.

Als der Bodhisattva den König in dieser elenden Lage sah, vergaß er, daß er sein Feind war. Von Mitleid erfüllt, fühlte er ähnlichen Schmerz und Tränen stiegen in seine Augen.

In bescheidener und freundlicher Sprache wandte er sich an den König, zeigte so seine angeborene, aufrichtige Gesinnung und beruhigte ihn durch die rechten und respektvollen Worte, die er mit klarer und lieblichklingender Stimme vorbrachte:

»Eure Majestät hat, wie ich hoffe, keine Verletzung davongetragen, als sie in diesen höllengleichen Abgrund stürzte? Ich hoffe, Ihr habt Euch kein Glied gebrochen? Verringern sich die Schmerzen bereits? Ich bin kein Geist, o König, sondern ein Tier, das im Wald innerhalb Eures Reiches lebt und sich von Gras und Wasser ernährt. Ihr mögt Vertrauen in mich setzen. Verzweifelt also nicht wegen des Falls in den Abgrund. Ich habe die Kraft, Euch von dort zu retten. Wenn Ihr mich für vertrauenswürdig haltet, dann befehlt mir rasch und ich komme.«

Die außerordentliche Rede des Tiers erweckte die

Bewunderung des Königs. Scham überkam ihn und er überlegte so bei sich: »Wie ist es möglich, daß er Mitleid zeigt mir, seinem Feind gegenüber, für dessen Kampfeslust er selbst das Ziel war? Und wie konnte ich so schlecht gegen diesen Unschuldigen handeln? Ach, wie verwirrt er mich mit dem scharfen Tadel seiner Sanftheit. Ich bin das Tier, er trägt nur die äußere Gestalt des Hirsches, Sarabha. Ich will ihm vertrauen und sein freundliches Angebot annehmen.« Nachdem der König sich so entschlossen hatte, sprach er:

»Mein Körper ist, geschützt durch die Rüstung, nicht zu sehr verletzt worden und die Pein, die ich fühle ob des Sturzes in diese Kluft, ist zumindest erträglich. Jedoch der Kummer über meinen Sturz peinigt mich nicht so sehr wie mein Angriff gegen ein Wesen so reinen Herzens und heilig wie Ihr. Tragt es mir nicht nach, ich bitte Euch, daß ich Euch auf Grund Eurer äußeren Gestalt für ein Wild des Waldes gehalten habe, ohne Eurer eigentlichen Natur gewahr zu werden«. Als Sarabha an den freundlichen Worten des Königs erkannte, daß er seinem Vorschlag zustimmte, erprobte er sich, um den König zu retten, indem er auf seinem Rücken einen Stein vom Gewicht eines Mannes trug. Nachdem er das Ausmaß seiner Kraft erfahren hatte, und da er entschlossen war, den König zu retten, stieg er in die Schlucht hinab und sprach, während er sich dem König näherte, in respektvollem Ton zu ihm:

»Nehmt es eine Weile in Kauf, meinen Körper zu berühren, damit ich durch Erlangen dieses Glücks auch Euer Gesicht mit Zufriedenheit und Freude erstrahlen lasse. Eure Majestät, steigt also auf meinen Rücken und umfaßt mich fest.« Und diese erklärte ihre Zustimmung und bestieg seinen Rücken, als ob er der eines Pferdes sei.

Dann stieg Sarabha, mit dem König auf seinem Rücken, mit unübertrefflicher Kraft und Behendigkeit aus der Schlucht herauf.

Nachdem er den König aus dem unwegsamen Waldgebiet herausgebracht hatte und ihn sein Pferd wieder finden ließ, war der Bodhisattva sehr erfreut und zeigte dem König den Weg in die Residenzstadt. Er selbst wollte sich in seinen Wald zurückziehen.

Aber der König, bewegt mit Dankbarkeit für seine freundliche Hilfe, umarmte Sarabha innig und sagte:

»Mein Leben steht zu Eurer Verfügung, Sarabha. Deshalb ist es unnötig, hinzuzufügen, daß Ihr als Euer Eigentum alles betrachten könnt, was innerhalb meiner Macht ist. Gewährt mir die Freude, daß Ihr in meine Residenzstadt kommt und dort lebt. Wäre es nicht unangenehm für mich, allein nach Hause zurückzukehren und Euch in jenem schrecklichen Wald zurückzulassen, gejagt von Jägern und ausgesetzt den Leiden durch Kälte, Hitze, Regen und andere Übel? Also, laßt uns zusammen gehen.«

Darauf antwortete der Bodhisattva in bescheidener, sanfter und respektvoller Rede: »Bei Menschen, die die Tugend lieben wie Ihr, o König, ist ein Verhalten, wie Ihr es zeigt, das rechte. Denn Tugenden, die beständig durch fromme Menschen geübt werden, zeigen sich als wesentlicher Teil ihrer eigenen Natur.

Aber davon, daß Ihr denkt, ich, der ich an das Leben im Wald gewöhnt bin, sollte meinen Wohnort bei Eurer Residenz nehmen, möchte ich nichts weiter hören. Von einer Art ist das Vergnügen der Menschen, von anderer das der Tiere im Wald, das den Gewohnheiten ihrer Art entspricht. Wenn Ihr jedoch etwas für mich Erfreuliches tun wollt, dann laßt ab von der Jagd, o König, für immer. Die armen Tiere des Waldes sind es wert, daß Ihr Mitleid mit ihnen habt. Im Hinblick auf das Streben nach Glück und nach Vermeiden von Unglück haben die Tiere – das solltet Ihr Wissen – dieselben Gefühle wie die Menschen. Mit dieser Tatsache im Bewußtsein ist es unziemlich, anderen das zu tun, was Ursache des Leids wäre, wenn es einem selbst zugefügt würde. Wenn Ihr versteht, daß schlimme Taten den Verlust des guten Rufs nach sich ziehen, Tadel durch die Tugendhaften und überdies Leiden, so müßt Ihr das Böse in Euch beseitigen und es als Euren Feind betrachten. Ihr solltet es nicht übersehen, genausowenig wie Krankheit. Durch Ausführen verdienstvoller Taten erlangt Ihr königliche Würde, Hochschätzung von den Menschen und Ihr seid ein Hort des Segens. Den Schatz der Verdienste müßt Ihr vergrößern. Ihr solltet nicht den Rang derer, die Gutes tun, schwächen.

Sammelt verdienstvolle Taten, diese Träger von Ruhm und Glück, durch reichliche Geschenke, die Ihr zur rechten Zeit verteilt, und durch moralisches Verhalten, dessen Regeln Ihr durch tugendhafte Menschen lernt und schließlich dadurch, daß Euer Verhalten allen Lebewesen gegenüber von ebenso guten Wünschen erfüllt ist wie Euch selbst gegenüber.«

Auf diese Weise ermunterte der Bodhisattva den König im Hinblick auf sein zukünftiges Leben. Und der König nahm seine Worte an. Danach zog sich der Bodhisattva, der starke, behende Hirsch Sarabha, in den Wald zurück, gefolgt von den bewundernden Blicken des Königs.

DER GEDULDIGE BÜFFEL

Einstmals vor langer Zeit lebte der Bodhisattva, so wird gesagt, als wilder Büffel von finsterem Aussehen im Wald. Er war schmutzig von Schlamm und von so dunkler Hautfarbe, daß er einer dunkelblauen Wolke ähnelte. Jedoch, obwohl er sich in der Existenzform eines Tieres befand, in der Unwissenheit vorherrscht und in der es schwierig ist, zum Erfassen von Rechtschaffenheit zu gelangen, so übte er sich doch als Folge seines durchdringenden Verstandes in der Tugend der Rechtschaffenheit.

Nun gab es in dieser Gegend, wo der Büffel lebte, einen tückischen Affen. Dieser kannte die natürliche Gutmütigkeit des Büffels, die sich schon bei vielen Gelegenheiten gezeigt hatte und er wußte, daß Ärger und Zorn keine Macht über ihn hatten. »Von ihm habe ich nichts zu fürchten«, dachte der Affe und probierte dies aus.

So sprang der Affe manchmal, während der Büffel-Bodhisattva ruhig schlief oder vor Müdigkeit eingenickt war, mit einem Satz auf dessen Rücken. Ein anderes Mal kletterte er auf seinen Kopf als ob es ein Baum wäre und schwang sich zwischen den Hörnern hin und her wie bei einer Schaukel. Manchmal, wenn der Büffel hungrig war und Gras zu fressen wünschte, stampfte der Affe das Gras gerade vor ihm nieder.

Manchmal kitzelte er die Ohren des Büffels mit einem Zweig; dann wieder, wenn jener spazierenging, setzte er sich wie ein Held auf seinen Rücken und hielt den Stock in seiner Hand. Ein Spielchen nach dem andern probierte der tückische Affe aus.

Zu all dem sagte der Büffel jedoch keinen Ton, obwohl er doch starke und mächtige Hörner hatte. Aber eines Tages, als der Affe auf seinem Rücken saß, erschien ein himmlisches engelgleiches Wesen wie eine Fee.

»Du bist ein großes Geschöpf, o Büffel«, sagte die Fee, »aber du kennst deine Stärke nur wenig. Mit deinen Hörnern kannst du Bäume niederreißen, und mit deinen Füßen kannst du Felsen zertrampeln. Löwen und Tiger hüten sich, dir zu nahen. Deine Stärke und Kraft sind der ganzen Welt bekannt und doch marschierst du umher mit einem törichten Affen auf deinem Rücken. Ein Schlag deiner Hörner würde ihn durchbohren und ein Tritt deines Fußes würde ihn zermalmen. Warum wirfst du ihn nicht auf den Boden und beendest das Spiel?«

»Dieser Affe ist klein«, antwortete der Büffel, »und die Natur hat ihm nicht viel Verstand gegeben. Warum also sollte ich ihn bestrafen? Noch mehr, was sollte ich ihn leiden lassen, um selbst glücklich zu sein?«

Darüber lächelte die Fee, und sie trieb den Affen mit ihrem magischen Zauberstab fort. Den großen Büffel versah sie mit einem Zauberspruch, kraft dessen er durch kein Wesen mehr zu leiden hatte. Von da an lebte er glücklich dahin.

DIE MANDARINENTE VON ASO

Einstmals vor langer Zeit erhob sich über dem Dorf Aso im Süden Japans ein schönes Schloß. Der Daimyo, Fürst und Herr des Schlosses, war ein begeisterter Jäger und er ging täglich in der Umgebung auf die Jagd. Er war ein guter Schütze, und weit und breit für seine Treffsicherheit bekannt.

Eines Tages hatte er Wälder und Felder durchschweift und auf Wild gelauert, doch er hatte kein Glück gehabt, und nicht ein einziges Stück Wild war ihm begegnet. Mißmutig und unzufrieden machte er sich auf den Weg zurück zum Schloß. Als er zum Dorfteich kam, da sah er, daß mitten unter den Schilfgräsern ein Mandarinentenpärchen schwamm. Das Männchen hatte ein wunderbares Gefieder in Gelb, Grün und Blau, das in der Sonne schillerte. Das Weibchen hatte auch ein feines Federkleid in klaren Farben. Sie schwammen nahe beisammen friedlich dahin. Auch im Winter, wenn der See vereist und kaum Nahrung zu finden ist, stehen die Mandarinenten treu zueinander und halten gemeinsam die schwere Zeit des harten Frostes durch, bis wieder der Frühling kommt und das Wasser auftaut. Dieses friedliche Mandarinentenpärchen mit dem schimmernden Gefieder stach dem jagdgierigen Fürsten in die Augen, als er nach dem fruchtlosen Bemühen des

Tages auf dem Heimweg war. Rasch und grimmig spannte er seinen Bogen, legte den Pfeil auf, wobei die Sehne »girigiri« zischte, und schoß ihn »pyun« ab. Er traf genau den Kopf des Mandarinentenmännchens, das sofort tot war. Schnell watete der Fürst ins Wasser und holte sich den Vogelkörper als Jagdbeute.

Bald wurde es Nacht. Plötzlich wurde der Fürst durch irgendeine Bewegung aus dem Schlaf aufgeweckt. Im fahlen Licht des Mondes saß an seinem Bette eine zarte junge Frau und weinte bitterlich. Sie hatte schönes schwarzes Haar und feingeschwungene Augenbrauen wie Seidenraupen. Sie trug einen seidenen Kimono in grünem und blauem Muster mit einem hellgelben breiten Gürtel.

Als sie sah, daß der Fürst erwacht war, kniete sie am Bett nieder und flehte unter heißen Tränen:

»Bitte, gebt mir meinen Gefährten zurück.
Bitte, gebt ihm sein Leben zurück.
Bitte, hört von nun an auf, Leben zu töten.«

So sprach die junge Frau und ihre Schultern wurden vom Weinen geschüttelt. Dann hob sie ihr Gesicht und sah den Fürsten mit traurigen und kummervollen Augen an. Danach verschwand sie unversehens und lautlos. Eine Mandarinentenfeder lag da, und der Fußboden war naß in der Form einer Vogelgestalt.

Am folgenden Tag ging der Fürst früh zum Teich hinaus. Da schwamm das Mandarinentenweibchen still dahin. Das Schilf bog sich im Wind. Der Fürst spannte wieder den Bogen, schoß den Pfeil ab und tötete die Mandarinente. Doch als er sich seine Jagdbeute holte, was sah er da? Unter dem einen Flügel hatte das Mandarinentenweibchen den Kopf des Männchens ganz fest an ihr Herz gedrückt. Der Fürst war bestürzt, und im Dorf erzählten sich die Leute voller Anteilnahme die Begebenheit.

Die Dorfbewohner gingen zu dem Teich, und da sahen sie, daß das Schilf auf der Seite, wo das Mandarinentenpaar gewohnt hatte, zu wachsen aufhörte. Die Dorfleute sagten: »Das ist ganz bestimmt durch die Vergeltung des Mandarinentenpärchens gekommen.« Und sagten: »Der Fürst hat eine ganz armselige Tat begangen.«

So unterhielten sich die Dorfleute und waren bekümmert und traurig, daß das treue Entenpaar mit dem schimmernden Gefieder getötet worden war und nicht mehr glücklich und munter umherschwamm.

Am Ufer des Sees stellten die Dorfbewohner eine kleine Figur der Musik und Harmonie liebenden und am Wasser wohnenden schönen Gottheit Benten (Sarasvatī) auf.

Sogar der leidenschaftliche Jäger, der Fürst und Schloßherr von Aso, verzichtete von nun an völlig darauf, Pfeil und Bogen zu nehmen und zur Jagd in Feld und Wald hinauszuziehen.

Schließlich ließ er sich sein Haupt scheren und legte das schwarze Priestergewand des buddhistischen Mönches an. Von morgens bis abends hielt er seine Gebetsstunden für die Seelen der bis jetzt von ihm erschossenen Tiere.

Die schöne Gottheit Benten wird die »Benten von der Schilfseite« genannt und steht heute noch am Ufer des Sees von Aso.

DER BODHISATTVA UND DIE TIGERMUTTER

Einstmals vor langer Zeit lebte in Indien ein Bodhisattva, der einen hohen Grad an Tugend erreicht hatte. Täglich saß er in Meditation, übte sich in den sechs Volkommenheiten (pāramitās), der Mildtätigkeit und Aufopferung (dāna), der Geduld (kśānti), der Zucht (sīla), des Mitleidens (karuṇa), der Kraft (virya) und der Weisheit (prājña) und lehrte die Menschen den Buddhaweg.

Eines Tages war er auf der Reise zu einem einsamen Dorf in den Bergen. Plötzlich hörte er lautes Gebrüll und das Heulen von Tigerjungen. Er blickte in die Schlucht hinab und sah eine fast zum Skelett abgemagerte Tigermutter, die ihre vier Tigerjungen um sich hatte. Mit rotglühenden, von Todesangst geweiteten Augen war sie nahe daran, sich auf die Jungen zu stürzen und sie zu verschlingen.

Blitzschnell ging es dem Bodhisattva durch den Sinn: Ich will diese Tiermutter vor dem schweren Vergehen bewahren, aus Hunger und um selbst zu überleben, ihre eigenen Kinder zu fressen. Im nächsten Augenblick stürzte sich der Bodhisattva in den Abgrund. Die Tigermutter ließ von ihren vier Jungen ab, warf sich mit Gebrüll über den Bodhisattva und verschlang ihn.

Nachdem sich der Bodhisattva so der Tigermutter

zur Speise gegeben und sein Leben geopfert hatte, wurde der Bodhisattva als Buddha im Paradies des Reinen Landes auf einer weißen Lotosblüte wiedergeboren. Himmlische Musik von engelgleichen Wesen (Apsaras) ertönte um ihn und erfreute seinen Geist.

Noch heute ist diese Begebenheit auf dem Tamamushi-Schrein des Hōryūji-Tempels in Japan zu sehen.

DIE GESCHICHTE VON DEM WACHTELJUNGEN
oder
DAS FEUER IM WALD

Einstmals vor langer Zeit lebte der Bodhisattva als kleines Wachteljunges in einem Wald. Es war erst einige Nächte zuvor aus dem Ei geschlüpft und konnte noch nicht fliegen, seine zarten Flügel mußten erst an Größe und Spannweite zunehmen. An seinem sehr kleinen und schwachen Körper konnte man die verschiedenen Gliedmaßen noch kaum unterscheiden. So saß es mit seinen zahlreichen Brüdern im Nest, das seine Eltern mit großer Sorgfalt gebaut und durch eine starke Graswand unzugänglich gemacht hatten. Dieses Nest befand sich in einer Kletterpflanze in einem Dickicht. Jedoch, auch in dieser Existenz als Wachteljunges hatte der Bodhisattva nicht das Bewußtsein des Gesetzes verloren und so nährte er sich nicht von den kleinen Würmern und Insekten, die die Eltern den Jungen zum Fressen brachten, sondern nur von Grassamen und Feigen, die sie auch herbeitrugen. Auf Grund der kargen Ernährung wuchs das kleine Wachteljunge nicht so recht, noch entwickelten sich seine Flügel entsprechend. Die anderen Wachteljungen jedoch, die alles fraßen, wurden stark und bekamen kräftige Flügel.

Während die Wachtel-Familie so dahinlebte, brach nicht weit von ihrem Nest ein Waldbrand aus. Die Flammen machten ein schreckliches Getöse, Wolken von Rauch erhoben sich. Das Feuer versetzte die Tiere im Wald in Angst und Panik und vernichtete Bäume und Dickicht. Das Feuer wurde noch angefacht durch Wirbel von Windböen, so daß es die verschiedensten Tanzfiguren aufzuführen schien, es breitete seine weiten Flammenarme aus, schüttelte seine Rauchmähne, knisterte und nahm den Tieren den Mut. Es sprang wie im Zorn auf das Gras, bedeckte es mit glitzernden Funken und verbrannte es. Es schien, als ob der Wald selbst unter dem Flammenmeer seufzte und stöhnte.

So gelangte das Feuer auch in die Nähe des Nestes. Es war keine Zeit mehr zu verlieren und vorwärtsstiebend flogen Mutter und Vater Wachtel und die sechs kleinen Brüder weg. Aber der siebte Kleine blieb allein zurück, er hatte nicht die Flügel, um fortfliegen zu können.

Bsch ... Bsch ... brüllten die großen roten Wolken, als sie um das Nest tanzten. Da nahm der Kleine seine ganze Kraft zusammen. Er blickte fest mit seinen kleinen zwinkernden Augen in die Flammen und sprach mit seiner weichen zirpenden Stimme zu ihnen: »Ich bin klein«, sagte er, »und ich habe keine Flügel. Warum kommt ihr zu diesem winzigen Nest, wo ich allein zurückgelassen bin! Geht euren Weg, mächtige Flammen. Hier gibt es nichts für euch.«

Als das Wachteljunge so sprach, sank das wütende Feuer zurück und verschwand in den Bäumen, und der Wald stand schweigend da wie nach einem Sturm. Die Wahrheit der Rede des Wachteljungen hatte das Feuer zum Erlöschen gebracht.

Nach und nach erhoben sich leise Stimmen aus dem Moos und die Frösche zeigten an, daß alles in Ordnung war. Nach und nach spitzten kleine Köpfe aus ihren Verstecken. Die Rauchwolken hatten sich fernhin verzogen und Königin Mond lächelte wieder durch die Bäume. Die kleine Wachtel lächelte auch in ihrem Nest, als sie den Wald erwachen sah, und sie lebte fortan glücklich.

MANGO-BAUM UND AFFENKÖNIG

Einstmals vor langer Zeit lebte in einer gesegneten Gegend der Himalayaberge der Bodhisattva als König über eine Truppe von zahlreichen Affen. Die Erde dort war bedeckt mit vielfältigen Gräsern, Büschen und Bäumen. Durch die Felsen strömte der Fluß Ganges, bevor er das Tal erreichte, in dem die Städte gebaut waren. Die Affen hatten ihre Wohnstatt auf einem breiten Mango-Baum. In seiner ganzen Höhe ragte er zum Himmel empor wie eine Bergspitze und die Dichte seiner Zweige, von dunklem Laub besetzt, ähnelte einer Wolkenmasse. Im Frühling trug er zarte, weiße Blüten, später in der Jahreszeit war er mit so wunderbaren Früchten beladen, daß kein Baum sich mit ihm vergleichen konnte. Die milden Winde des Berges verliehen den Früchten die Süße von Honig.

Nun war es so, daß ein Zweig des Baumes über den Fluß Ganges ragte, der dort vorbeifloß. Weit vorausschauend wie der Bodhisattva war, hatte er seine Herde gewarnt und gesagt: »Habt acht, laßt keine Frucht ins Wasser fallen, da sie der Strom sonst zur Stadt trägt, so daß die Leute, wenn sie eine so schöne Frucht sahen, nach dem Baum forschen könnten. Wenn sie dann dem Fluß aufwärts in die Berge folgten und den Baum fänden, würden sie alle

Früchte an sich nehmen und wir müßten von hier fliehen.«

Lange Zeit ging alles wie gewünscht. Doch eines Tages geschah es, daß die Affen eine junge und für die Jahreszeit nicht sehr große Frucht übersahen, die in der Wölbung eines von Enten rundgebogenen Blattes verborgen war. So reifte diese Frucht heran und gewann im Laufe der Zeit ihre ganze Feinheit von Farbe, Duft, Geschmack und Weichheit. Als sie völlig ausgereift war, löste sich der Stiel und die Frucht fiel in den Fluß. Sie wurde von der Strömung weggetragen – hinunter über die felsigen Hügel in das Tal, wo am Ufer des Ganges die große Stadt Benares steht. An jenem Tag, als die Frucht durch Benares schwamm, von den kleinen Wellen des Stromes weitergetrieben, badete gerade der König Brahmadatta im Wasser zwischen zwei Netzen, das die Fischer hielten, während er plantschte und schwamm und mit den kleinen Sonnenstrahlen, die sich im Wasser fingen, spielte. Und die Frucht wurde in eines der Netze getragen. Der König sah die wunderbare Frucht und wollte sie aus der Nähe begutachten. Man brachte sie ihm, und nachdem seine Begleiter von ihr gekostet hatten, kostete auch er selbst und war begeistert von dem süßen Fruchtfleisch, das auf der Zunge zerging.

»In der Tat«, sagte er, »solch eine Frucht ist göttlich, keine andere ist ihr zu vergleichen.«

Die Tage gingen dahin und Brahmadatta wurde immer ruheloser. Er glaubte, daß derjenige, der solche Mango-Früchte essen könnte, wirklich ein König sei und sah den Wunderbaum mit seinen goldenen honigartigen Früchten in seinen Träumen vor sich.

Schließlich entschloß er sich, den Baum zu suchen. Er überlegte bei sich, daß der Baum gefunden werden könne, da die Frucht ja noch nicht allzulange im Wasser liegen konnte, wenn Farbe, Duft und Geschmack noch so vollkommen waren. Nachdem er vorgesorgt hatte, daß während der Dauer seiner Abwesenheit die Ordnung in der Hauptstadt aufrechterhalten bliebe, brach er mit einer größeren Schar bewaffneter Soldaten zu seiner Erkundungsreise auf. Sie marschierten stromaufwärts, brachen sich ihren Weg durchs Dickicht, kämpften gegen wilde Tiere und drangen in immer höher gelegene Gebiete vor, bis sie in die Nähe des Baumes gelangten.

Wie eine Wolkenmasse durch die Fülle des Wassers niederhängt, so erschien dem König der Baum schwer beladen mit seinen goldenen Früchten. Dieser war wirklich ein König unter den Bäumen, herausragend wie ein Berg.

Der König Brahmadatta war sicher, daß dies der Baum war, den er suchte, der Baum seiner Träume.

Aber was bewegte sich auf jedem Zweig? Welche seltsamen kleinen Schatten glitten durch die Blätter?

»Scht«, sagte einer der Männer, »das ist eine Truppe von Affen.« »Affen«, rief der König aus, »die die Früchte essen! Umzingelt den Baum, daß sie nicht entkommen. In der Dämmerung wollen wir auf sie schießen und von ihrem Fleisch und von den Mango-Früchten essen.«

Diese Worte kamen den Affen zu Ohren und zitternd sprachen sie zu ihrem Anführer: »Oh weh! Ihr habt uns gewarnt, verehrter Meister, aber eine Frucht muß in den Strom gefallen sein, denn es sind Männer hierhergekommen; sie umzingeln unsern Baum und wir können nicht entrinnen, denn die Entfernung zwischen diesem Baum und dem nächsten ist zu weit für uns, um zu springen. Wir hörten die Worte, die aus dem Munde eines der Männer kamen: ›Zur Dämmerung wollen wir auf sie schießen und von ihrem Fleisch und den Mango-Früchten essen‹«. »Ich werde euch retten, meine Kleinen,« sagte der Anführer, »habt keine Furcht, ich tue, was ich sage.« So tröstete er sie und der mächtige Anführer stieg auf den höchsten Zweig des Baumes. Und so geschwind wie der Wind durch die Felsen fährt, sprang er so weit wie hundert Bogenlängen durch den Raum und landete auf einem Baum auf dem gegenüberliegenden Ufer. Dort nahm er vom Rand des Wassers ein langes Schilfgras mit seiner Wurzel, und er dachte: »Ich werde das eine Ende des Schilfs an diesen Baum binden und das andere Ende an meinen Fuß. Dann werde ich wieder zu dem Mango-Baum zurückspringen. So wird eine Brücke entstehen, über die meine Untertanen springen können. Hundert Bogenlängen bin ich gesprungen. Das Schilf ist länger als die Spannweite von hundert Bogen, so daß ich ein Ende an diesen Baum binden kann.« Und mit einem Herzen voll Freude sprang er zum Mango-Baum zurück.

Aber, o weh! Das Schilfgras war zu kurz und der Anführer war gerade nur fähig, das Ende eines Zweigs zu ergreifen. Es war ihm nicht eingefallen, daß das Schilfgras zusätzliche Länge gebraucht hätte, um auch noch für die Schlinge um seinen Fuß auszureichen. Mit mächtiger Anstrengung hielt er sich an dem Zweig fest und rief seinen 80000 Gefolgsleuten zu: »Lauft über meinen Rücken zum Schilfgras, und ihr werdet gerettet sein.«

Ein Affe nach dem andern rannte über ihn zu dem Schilf. Aber einer unter ihnen, mit Namen Devadatta, sprang heftig auf seinen Rücken. Ach! Ein starker Schmerz durchdrang den Affenkönig. Sein Rükken war gebrochen. Und der herzlose Devadatta ging seines Wegs und ließ seinen Herrn allein leiden.

Brahmadatta hatte alles gesehen, was geschehen war, und Tränen strömten von seinen Augen, als er auf den leidenden Affenmeister blickte. Er befahl, daß er vom Baum heruntergebracht werde, an dem er immer noch hing, daß er in feinsten Ölen gebadet und in ein gelbes Gewand gekleidet werde, und daß ihm süßes Wasser zu trinken gegeben werden sollte. Und als der Meister gebadet und angekleidet war, lag er neben dem Baum, und der König saß an seiner Seite und sprach mit ihm.

Er sagte: »Ihr habt aus Eurem Körper eine Brücke für andere gemacht, auf der sie hinübersteigen konnten. Habt Ihr nicht gewußt, daß Euer Leben zu Ende kommen würde, wenn Ihr so tut? Ihr habt Euer Leben gegeben, um Eure Gefolgsleute zu retten. Wer seid Ihr, Gesegneter, und wer sind sie?«

»O König«, antwortete der Affe, »ich bin ihr Meister und Anführer. Sie lebten mit mir in diesem Baum, und ich war ihr Vater und liebte sie. Ich leide nicht daran, diese Welt zu verlassen, denn ich habe für meine Untertanen die Freiheit erlangt. Und wenn mein Tod für Euch eine Lehre sein kann, dann bin ich mehr als glücklich. Es ist nicht das Schwert, das Euch zum König macht. Es ist allein die Liebe. Vergeßt nicht, daß Euer Leben kein zu hoher Preis ist, wenn Ihr durch seine Hingabe das Glück Eures Volkes sichern könnt. Regiert die Menschen nicht durch Macht, weil sie Eure Untertanen sind. Nein, regiert sie durch Liebe, weil sie Eure Kinder sind. Nur auf diese Weise werdet Ihr König sein. Wenn ich nicht mehr bin, vergeßt nicht meine Worte, o Brahmadatta!«

Der Gesegnete schloß dann seine Augen und starb.

Aber der König und sein Volk trauerten um ihn, und der König baute für ihn einen Tempel, rein und weiß, damit seine Worte niemals vergessen würden.

Und Brahmadatta regierte mit Liebe über sein Volk und alle waren glücklich.

YŌKO, DAS MEERESKIND, UND GEN-ICHI, DER ERSTGEBORENE, ZUR KIRSCHBLÜTENZEIT

Es war um die Zeit, da in den Tempeln in Japan Buddhas Geburtstag gefeiert wird, im Frühling, Anfang April. Yōko hatte gerade in ihrem Zimmer, das sie im Haus für Geishas, die in Ausbildung waren, im Gion-Viertel in Kyōto bewohnte, an ihrem Festtags-Kimono genäht. Sie legte nun das Seidengebilde, in das zitronengelbe Schmetterlinge, bunte Zauberbälle und rosa Kirschblüten gewebt waren, beiseite auf die Strohmatte, und seufzte. Heute hatte sie noch Unterricht im Koto (Harfen)-Spiel und morgen war der achte April, Buddhas Geburtstag. Da wollte sie erst zum Grab ihrer Mutter gehen, die schon lange tot war und dann zum Tempel Kiyomizu (Reines Wasser) im Osten von Kyōto. Dort hielten die Mönche zu Ehren von Buddhas Geburtstag eine feierliche Zeremonie ab. Sie dachte an die Zeit, da ihre Mutter noch lebte und sie zusammen mit dem Vater in dem schönen Haus im Nishijin-Viertel, dem alten Weber-Viertel von Kyōto, gelebt hatten.

Der Vater hatte dort eine angesehene Weberei im alten Stil betrieben, die Muster für die Stoffe noch selbst entworfen und die Brokat- und Seidenstoffe nach diesen Mustern an den Handwebestühlen weben lassen. Doch als mit dem Einfluß aus dem Westen, besonders Amerika, die Stoffe zunehmend mit

Maschinen hergestellt wurden, auch die Brokat- und Seidenstoffe, hatte Herr Sato immer weniger Aufträge zum Weben bekommen. So verarmte er rasch. Die Mutter war schon vor dieser Zeit gestorben. Der Vater wußte nicht, wie er den Lebensunterhalt für Yōko und sich bestreiten sollte. Er gab Yōko deshalb in die Schule für Geisha, wo sie kostenlos in Musik, Tanz und Literatur ausgebildet wurde, freilich auch nach dieser Ausbildung an das Geisha-Haus gebunden war. Er selbst zog nach Tōkyō.

Yōko fühlte sich öfter einsam in der Schule inmitten ihrer Gefährtinnen und sehnte sich nach der früheren Zeit, ihrer Kinderzeit, zurück, als sie noch im Garten unter der großen Kiefer spielte und die Mutter im Haus sorgte. Aber diese Zeiten waren nicht mehr zurückzuholen.

Sie ging zur Ahnentafel und verharrte kurz schweigend vor ihr mit zusammengelegten Händen. Auch vor der Elfenbein-Statue der Kannon, dem Bodhisattva der Barmherzigkeit, der die Rufe und Schreie der Welt hört, verneigte sie sich und rief: »Namu Kannon Bosatsu«, »Ich nehme meine Zuflucht bei dem Bodhisattva der Barmherzigkeit«. Dann ging sie zum Unterricht im Koto-Spiel.

Am nächsten Morgen stand sie früh auf, zog einen einfach gemusterten Kimono an und machte sich auf den Weg zum Ahnengrab der Familie Sato auf dem Friedhof Adaschino und danach zum Kiyomizu-Tempel auf einem Hügel im Osten von Kyoto. Es war ein schöner Frühlingstag, die Luft war frisch und Yōko schritt zügig aus. Am Grab der Mutter verweilte Yōko längere Zeit und bat für die Mutter um ein gutes Geschick und die Hinübergeburt ins Paradies des Reinen Landes. Sie bat für den Vater im fernen Tōkyō, für den Großvater und für sich selbst, daß es eine Möglichkeit gäbe, daß sie nicht Geisha werden müsse.

Als sie sich dem Kiyomizu-Tempel auf der Anhöhe näherte, waren schon viele Leute versammelt. Sie hörte das Schlagen der Gongs aus dem Innern des Tempels. Sie wollte noch aus der reinen Quelle, die dort oben strömte, mit dem Bambuslöffel schöpfen. Ein junger Mann hielt ihn in der Hand und wollte ihn ihr reichen. Er fragte mit einem freundlichen Blick, ob er für sie schöpfen dürfe. Sie nickte dankbar.

Danach trat sie in den Tempel. Hoch erhob sich die Bronze-Statue der elfgesichtigen Kannon, des Bodhisattvas der Barmherzigkeit. Weihrauchstäbchen brannten und der ganze Raum war von Duft und Kerzenschein erfüllt. Die Mönche waren gerade dabei, die Kambutsu-e-Zeremonie, die »Taufzeremonie Buddhas« zu vollziehen. Dabei gossen sie aus feinen Bambuskellen süßen Tee über eine kleine Statue von Buddha als Kind als Ausdruck der Verehrung und danach tranken sie den Tee. Die Statue war in einem kleinen tempelförmigen Gehäuse eingeschlossen, der wunderbar mit Blumen geschmückt war und »Hanamidō«, »Blumen-Tempel« heißt. Dann rezitierten die Mönche Texte aus dem alten ehrwürdigen Lotos-Sūtra, in dem Predigten Buddha Śākyamunis enthalten sind.

»Der heilige Herr,
Der in der Welt höchst Verehrte,
Obwohl er lange erloschen und
hinübergegangen,
Ist er in dem Juwelen-Stūpa
Ehrend gekommen für die Lehre ...
Mit seiner geistig überall hinreichenden Kraft,
Verändert er unzählig viele Lebewesen
Und macht das Land klar und rein.
Ein jeder Buddha
Gelangt unter die Juwelen-Bäume;
Wie Lotosblüten sind sie,
Die einen klaren reinen See schmücken.
Buddha sitzt über ihnen.*
Mit Glanz und Licht ist er majestätisch
geschmückt.«

So rezitierten die Mönche monoton aus dem Sūtra von der Lotosblüte des wunderbaren Gesetzes.

Yōko hörte wie im Traum zu und betete innig zur elfgesichtigen Kannon, dem barmherzigen Bodhisattva, für ihre Familie und ihr zukünftiges Leben. Als die Zeremonie zu Ende war, drängten die vielen Menschen nach draußen ins Sonnenlicht. Gen-ichi, der junge Mann, war mit im Gewoge der Menschen und fand sich nicht weit hinter Yōko.

Sie trat auf die hölzerne Plattform der Haupthalle, die über einen Felsen ragt, und lehnte sich an das Geländer. Es war angenehm warm draußen und sie

* Gemeint ist Buddha Śākyamuni.

hatte einen herrlichen Blick über die Kirschbäume hinweg, die nun in voller Blüte standen und wie rosa Wolken über der alten Kaiserstadt aussahen, auf die Dächer von Kyōto und den Westberg. Gen-ichi Noda trat zu ihr heran und meinte, daß es doch heute ein wunderbarer Frühlingstag sei. Yōko nickte und sah Gen-ichi freundlich an.

»Die Kirschblüten sind
In voller Blüte. Man möchte
Ein Vogel sein,
Um auf den Zweigen inmitten
Der Blüten zu singen.«

Gen-ichi war von der Antwort bezaubert. Lange blickten sie über die Dächer von Kyōto auf das Grün des Westbergs. Nahe rauschte der Otowa-Wasserfall. Schließlich fragte Gen-ichi, ob er Yōko in die Stadt begleiten dürfe. Sie stimmte zu. So machten sich die beiden auf den Weg in die Stadt. Über einen schmalen Pfad erreichten sie den Maruyama-Park.

Yōko hatte heute bis zum späten Nachmittag frei und freute sich, nicht allein sein zu müssen. Gen-ichi erzählte ihr, daß sein Vater in Kyōto ein Stoffgeschäft habe und auch eine kleine Kleiderfabrik daran angeschlossen sei. Yōko freute sich, das zu hören, aber es bedrückte sie auch, wenn sie daran dachte, wie schwer es ihre Familie gehabt hatte. Bald mußte sie sich verabschieden und in die Geisha-Schule zurückkehren. Von der Schule hatte sie nichts gesagt. – Beglückt ging Gen-ichi zu seinem väterlichen Geschäft zurück. Yōko war ein hübsches, sanftes Mädchen und voll Empfindsamkeit für die Natur. Sie wußte schöne Gedichte. Doch von ihrer Familie hatte sie ihm noch nicht viel erzählt. Er hoffte, mehr bei der nächsten Begegnung zu erfahren, wenn sie sich im Garten des Heian-Schreins treffen wollten.

Gen-ichi erzählte zu Hause nicht viel über seinen Gang zum Kiyomizu-Tempel. Doch merkte der Vater, daß sich etwas mit ihm verändert hatte. Als Gen-ichi eines Nachmittags mit ungenanntem Ziel aus dem Haus ging, schickte ihm der alte Herr Noda einen vertrauten Angestellten nach, der beobachten sollte, was Gen-ichi vorhatte. Dieser kam nun also zum Garten des Heian-Schreins, der in chinesischem Stil erbaut ist, und sah, wie Gen-ichi Yōko traf und zärtlich mit ihr umging. Die beiden gingen dann im Park spazieren, unter immergrünen Kiefern, scharlachrot erblühten Kirschbäumen, und an Teichen mit weißen Lotosblüten vorbei. Diesmal erzählte ihm Yōko über ihr Leben und ihre Familie und Gen-ichi merkte, daß ihr Leben von Leid überschattet war. Doch war sie hübsch und gebildet, kannte Literatur, Musik und Blumenstecken, und er fand sie ungemein anziehend. Der Angestellte beobachtete, wie Gen-ichi und Yōko sich verabschiedeten. Dann folgte er Yōko unauffällig und sah, wie sie das Haus für junge Geishas im Freudenviertel von Kyōto, in Gion, betrat.

Diese Neuigkeit teilte er sofort seinem Herrn, Herrn Noda, mit. Dieser war über die Nachricht bestürzt. Sein einziger Sohn und Erbe, Gen-ichi, sollte sich in eine junge Geisha verliebt haben? Da mußte er sofort jeden Umgang unterbinden. Schließlich hatte er eine Heirat seines Sohnes mit der Tochter des Fabrikanten Kitamura im Sinn.

Als der Sohn nach Hause kam, rief er ihn sofort zu sich und fragte ihn nach seinem heutigen Ausflug. Doch Gen-ichi sprach nur von einem Spaziergang und erwähnte nichts weiter. Da sagte der Vater in strengem Ton, daß er ihm verbiete, sich weiter mit dem Mädchen, mit dem er heute beisammen war, zu treffen. Gen-ichi saß schweigend dem Vater gegenüber. Dann zog er sich in sein Zimmer zurück.

Für Yōko waren die kommenden Wochen und Monate schwer. Nur einmal noch hatte sie sich mit Gen-ichi im Maruyama-Park getroffen und da hatte er ihr gesagt, daß der Vater ihm verbiete, mit ihr wegzugehen. Dennoch wollte er versuchen, sich heimlich mit ihr zu treffen. Aber es würde nur selten sein können.

In diesen Wochen ging Yōko, sooft es ihr möglich war, hinauf zum Kiyomizu-Tempel und betete vor der Statue der elfgesichtigen Kannon, dem barmherzigen Bodhisattva. Sie betete besonders für Gen-ichi, und daß er sie nicht verlasse. Manchmal ging sie und trank von der reinen Quelle und schöpfte mit dem Bambuslöffel, den ihr Gen-ichi gereicht hatte, als sie sich zum ersten Mal am Fest von Buddhas Geburtstag getroffen hatten. Und oft und oft spielte sie auf der Koto die zarte Melodie »Frühlingssee«.

Doch nun kam allmählich der Sommer und die Regenzeit im Juni. Sie dachte an das Sternenfest am 7. Juli, das Tanabata-matsuri, in welcher Nacht sich nach alter chinesischer Legende einmal im Jahr die beiden Sterne Hikoboschi, der Kuhhirte (der Stern Atair), und Orihime, die Webeprinzessin (der Stern Wega), treffen und zusammen glücklich sind. Ob sie auch Gen-ichi wiedersehen würde? Auch an das Bon-Fest, das buddhistische Allerseelenfest am 15. Juli, dachte sie. Da wollte sie rechtzeitig das Laternenschiff für die Ahnen basteln, um es auf den Kamo-Fluß zu bringen.

In der Geisha-Schule lernte sie in dieser Zeit Dinge, die Yōko nicht so interessierten: die verschiedenen Düfte für den Haarpuder mischen, die weiße Gesichtsmaske für Geishas auflegen, Kämme stekken, Kimono-Muster zu verschiedenen Anlässen unterscheiden, auch tanzen, den Kirschblütenfächer-Tanz, den Glyzinien-Tanz. Am liebsten aber spielte sie auf ihrer Koto, ihrer Harfe, oder sie steckte Blumen, wunderschöne Kompositionen: »Kirschblütenzweige« zu dem Motto »Den Frühling begrüßen«, hochgewachsene blaue Iris zu dem Thema »Der klare Fluß« und weiße Lotosblüten, die »Stille Offenheit« ausdrückten.

Es war an einem Tag Ende Mai, da ließ Gen-ichi ihr ein Brieflein zukommen, und auf feinem rosa Papier stand ein Gedicht geschrieben:

»Rosa Kirschblüten
Auf dem Kiyomizu-Tempel
Sind wohl schon verweht.
Doch die grünen Blätter
Auch sie warten auf uns.«

So trafen sie sich wieder dort oben beim Tempel für eine kurze Stunde. Gen-ichi teilte Yōko mit, daß sein Vater in der kommenden Woche als Vorbereitung zum Bon-Fest, dem Ahnen-Fest, zu ihrem Ahnen-Grab auf den Friedhof von Adaschino gehe. Wenn sie um dieselbe Zeit an das Ahnengrab der Familie Sato gehe, würde er versuchen, es einzurichten, daß er mit dem Vater dort vorbeikomme und er würde Yōko dem Vater vorstellen. Er hoffe sehr, daß der Vater, wenn er mit eigenen Augen das Ahnengrab der Familie Sato sehe und ihm so deutlich gezeigt würde, daß auch Yōko aus einer angesehenen alten Weber-Familie in Kyōto stamme, seine starre Haltung aufgeben würde.

So ging Yōko ein paar Tage später unruhigen Herzens nach Adaschino hinauf und wußte nicht, wie alles kommen würde. Würde Herr Noda sie ablehnen, dann würde sie Gen-ichi kaum noch treffen können, und ihr Schicksal wäre besiegelt. Sie hatte ein schönes kleines Ikebana-Gesteck bei sich, eine kleine schwarze Lackschale mit Wasser und Lotosblüten drin. Die stellte sie der Mutter und dem Großvater nahe an das Grab. Die Lotosblüten sollten die Hoffnung ausdrücken, daß ihre lieben Menschen im Paradies des Reinen Landes auf Lotosblüten sitzen und Buddha nahe sind. Sie klatschte in die Hände und verneigte sich.

Inzwischen waren auch Herr Noda und Sohn Genichi zum Friedhof von Adaschino gekommen und Gen-ichi führte den Vater über den Weg, wo das Grab von Yōkos Familie stand. Als sie zu Yōko kamen, sagte Gen-ichi zu seinem Vater, ob er ihm Yōko vorstellen dürfe. Sie stamme aus der alten Weber-Familie Sato und er würde sich freuen, wenn auch der Vater sie kennenlerne. Der Vater, Herr Noda, war zunächst überrascht, blickte Yōko aber doch freundlich an, und beide verneigten sich voreinander und murmelten Begrüßungsformeln. Angesichts des Ahnengrabes der Familie Sato war der Vater etwas besänftigt und die Tatsache, daß Yōko im Geisha-Viertel wohnte, trat in den Hintergrund. Wenigstens stammte Yōko aus einer guten alten Weber-Familie in Kyōto. Daß sie jetzt aus einer Not heraus in der Geisha-Schule war, mußte man ihr wohl nachsehen.

Gen-ichi bat den Vater, nachdem sie sich von Yōko wieder verabschiedet hatten, doch alles zu tun, um Yōko freizukaufen. Sie könne wunderbar musizieren und Blumen stecken, kenne Gedichte und alte japanische Literatur, verstehe sich aber auch aufs Nähen und sogar ein wenig aufs Weben. Sie könnte später in ihrem Geschäft für ausgewählte Kunden Seiden- und Brokat-Kimonos nähen. Das sei doch eine sehr gute Sache.

Der Vater hörte sich zum erstenmal in Ruhe die Vorschläge und den Bericht des Sohnes an. Er war nun milder gestimmt und hatte auch Mitgefühl mit dem Geschick der jungen Yōko, die sich mutterseelenallein in der Welt befand. Er konnte sich nun auch noch ein wenig an die alte Handweberei der Familie Sato im Nishijin-Viertel erinnern. Da der Vater von Yōko, der in Tōkyō lebte, arm war, wollte Herr Noda es eventuell auf das Drängen des Sohnes hin allein versuchen, Yōko freizukaufen. Vielleicht würde Kannon, die barmherzige Gottheit, für diese Tat seiner Familie ihren besonderen Segen zuwenden. Er wandte sich an den Abt des Kiyomizu-Tempels und sprach lange mit ihm. Dieser bat die beiden jungen Leute einzeln zu sich und nach diesen Gesprächen konnte er Herrn Noda zu seinem Vorhaben nur raten.

Bald danach machte sich Herr Noda zur Geisha-Schule auf und kaufte gegen eine nicht geringe Summe – er hatte die Unterrichtskosten für zwei Jahre zu zahlen – Yōko Sato von der Matrone frei. Yōko wohnte dann in Übereinstimmung mit dem Abt in einem kleinen Gästehaus eines Tempels in Kyōto.

Als der Tag des Sternen-Festes, Tanabata-Matsuri, der 7. Juli, herankam, trafen sich Yōko und Gen-ichi wieder im Park des Heian-Schreines. Im Heian-Schrein werden viele Paare von Kyōto getraut, und der Park ist wunderschön mit seinen Teichen, Bäumen und Sträuchern und Blumen. Es war wirklich das Sternenfest für Yōko und Gen-ichi. Wie Hikoboschi, der getreue Kuhhirte, hatte Gen-ichi den sie trennenden Strom durchschritten, Yōko gefunden und aus ihrer bedrückenden Lage befreit. Sie war nun dank seines Einsatzes und der Mildtätigkeit seines Vaters von ungewollten Banden frei. Sie war hübsch und gebildet, zwar arm, aber Liebreiz strahlte aus ihrem feinen porzellanzarten Gesicht und den dunklen Mandelaugen. Das schöne lackschwarze Haar hing ihr bis auf die Schultern und sie trug einen eisvogelfarbenen türkisen Kimono mit silbernen Wasserwellen, in die verwehte rosa Kirschblüten eingestreut waren – zur Erinnerung an ihre erste Begegnung auf dem Kiyomizu-Tempel. Yōko zitierte aus dem alten Gedichtband, dem Manyōshu, über das Sternenfest:

»Da ich mich sehne
Nach meinem Liebling,
Kommt vom Himmelsflusse her
In der Nacht der Widerhall eines rudernden
Bootes,
Ja – ich höre das Gehen der Ruder.

Die beiden Sterne, Webeprinzessin und Kuhhirte, Wega und Atair, waren zu Glücksbringern für Yōko und Gen-ichi geworden.

Eine Woche später, am 15. Juli fand dann in der Stadt das große Ahnenfest, O-Bon-Matsuri, statt. Viele Leute gingen erst zum Kiyomizu-Tempel und danach zum Kamo-Fluß, um Schiffchen mit Laternen für die Ahnen auf den Fluß zu setzen. Auch Yōko und Gen-ichi machten es so und hatten für die Ahnen Schiffchen aus Schilf gebastelt und auf das weiße Segel mit schwarzer Tusche die Namen der Verstorbenen Sato und Noda daraufgeschrieben, die Namen der Großeltern, und Yōko auch den Namen ihrer Mutter. Dann hatten sie noch Reisknödel (okuridango) in die Schiffchen gesetzt. Denn die Seelen sollten bei ihrer Rückreise ins Ferne Land mit Essen versehen sein. Dann kam der Augenblick, in dem die Leute sangen, wie schön es war, daß die Seelen dagewesen seien und daß sie in einem Jahr wiederkommen möchten. Beide, Yōko, das Meereskind, und

Gen-ichi, der Erstgeborene, setzten ihre Schiffchen nebeneinander aufs Wasser des Kamo-Flusses. Gemeinsam wurden sie von der Flut weggetragen und in der Ferne vereinigten sich die Lichter der beiden und wurden eins.

DER ERBPRINZ VESSANTARA

Eines Tages befand sich der Buddha in Śravasti, im Jetavana-Hain; er war in Begleitung einer großen Schar von Mönchen und Nonnen, Laienanhängern und Laienanhängerinnen und saß inmitten seiner Schüler der vier Stufen. Da begann der Buddha zu lächeln und aus seinem Mund strömte fünffarbiges Licht. Ānanda erhob sich von seinem Sitz, brachte seine Kleider in gute Ordnung, legte die Hände zusammen, kniete nieder und sagte zu Buddha: »Seit mehr als zwanzig Jahren, seit ich an der Seite von Buddha bin, habe ich ihn niemals wie heute lächeln gesehen. O Buddha, denkt Ihr jetzt an einen Buddha der Vergangenheit, der Zukunft oder der Gegenwart? Es schien, daß Ihr eine besondere Idee hattet. Ich wünschte, daß Ihr diese mitteilt.« Der Buddha sprach zu Ānanda: »Ich habe nicht an einen Buddha der Vergangenheit, der Gegenwart und der Zukunft gedacht, ich habe an Umstände gedacht, in welchen ich – es ist bereits unzählige Kalpas her – die Vollkommenheit (pāramitā) der Mildtätigkeit geübt habe.« Ānanda fragte Buddha: »Wie waren die Umstände, in welchen Ihr die Vollkommenheit der Mildtätigkeit und Barmherzigkeit geübt habt?«

Der Buddha antwortete: »Einstmals vor langer Zeit, vor unzähligen Kalpas, Äonen, gab es ein großes Königreich namens Cibi. Auch der Name des Königs war Cibi. Er regierte sein Königreich, indem er die Gesetze gerecht anwandte. Er tat seinem Volk nichts Übles an. Dieser König hatte viertausend große Minister. Er war Herr über 60 kleine Reiche und 800 Dörfer. Er besaß 500 weiße Elephanten. Dieser König hatte 20000 Gemahlinnen, aber hatte keinen einzigen Sohn. Deshalb richtete er Gebete an alle Gottheiten, an die der Berge wie an die der Wasserläufe. Eine seiner Frauen nahm schließlich wahr, daß sie schwanger sei. Der König umgab sie mit Aufmerksamkeiten. Er ordnete an, daß man ihr das Feinste an Bett und Bettwäsche gebe, an Getränken und Nahrungsmitteln.

Als neun Monate um waren, wurde der Erbprinz geboren. Als die 20000 Frauen des Harems erfuhren, daß der Erbprinz geboren ward, sprangen alle vor Freude hoch und aus ihren Brüsten floß spontan Milch. Man gab dem Erbprinz den Namen Vessantara. Vier Ammen umgaben den zukünftigen Erben mit ihrer Fürsorge. Die erste von ihnen säugte ihn, die zweite wiegte ihn in ihren Armen, die dritte wusch ihn und die vierte nahm ihn, um mit ihm zu spielen. Als der Prinz sein 16. Lebensjahr erreicht hatte, wurde er außerdem im Schreiben, in Mathematik, im Bogenschießen, in der Kunst, einen Wagen zu lenken, als auch in den Riten und in der Musik unterrichtet. Er diente seinem Vater und seiner Mutter, als ob er himmlischen Gottheiten diente. Der König ließ ihm einen eigenen Palast erbauen.

Von Jugend an hatte der Erbprinz daran Freude,

allen Menschen, die auf der Welt waren, Geschenke zu machen, auch den Vögeln, die flogen und den Vierfüßlern, die auf der Erde herumliefen. Er wünschte, alle Lebewesen für immer glücklich machen zu können. Ein törichter Mensch ist auf Grund von Habsucht und Neid nicht fähig, Geschenke zu machen. In seiner Unwissenheit und Blindheit täuscht er sich und meint, daß die Liebe für ihn ohne Vorteil sei. Aber der Weise – wenn so einer sich in dieser Welt findet – versteht, daß die Liebe eine Tugend ist. Die liebevollen Menschen sind jene, die mit einmütiger Stimme die Buddhas, Pratyeka-Buddhas und Arhats der Vergangenheit, Gegenwart und Zukunft preisen.

Als der Erbprinz erwachsen wurde, suchte der große König für ihn eine Gemahlin. Ihr Name war Madrī. Sie war die Tochter eines Königs. Ihre Schönheit war unvergleichlich. Schmuck von Beryll, Gold und Silber und die verschiedensten kostbaren Edelsteine schmückten ihren Körper.

Der Erbprinz bekam einen Sohn und eine Tochter. Er dachte daran, daß er sein Leben nach der Vollkommenheit der Liebe ausrichten wolle. Er verkündete dem König, daß er auszugehen wünsche, um bei einer Spazierfahrt das Land zu sehen. Der König stimmte zu und der Prinz verließ bald die Stadt.

Śakra, der König der Devas (Götter), stieg in der Gestalt von Menschen vom Himmel herunter, die arm, taub, blind und stumm waren. Diese fanden sich alle am Rande der Straße ein. Als der Erbprinz sie gesehen hatte, ließ er seinen Wagen umkehren und eilte in den Palast zurück. Er war durch den Anblick der armseligen Menschen in tiefe Trauer verfallen und konnte sich nicht mehr freuen. Der König fragte ihn, warum er sich nicht mehr der Freude hingebe, seitdem er von seinem Ausflug zurückgekehrt sei. Er antwortete: »Als ich ausfuhr, nahm ich arme, taube, blinde und stumme Menschen wahr. Das ist es, warum ich bekümmert bin. Ich möchte Euch einen Wunsch ausdrücken. Aber ich weiß nicht, o großer König, ob Ihr mir Eure Zustimmung geben werdet.« Der König sagte zu ihm: »Was wünscht Ihr? Ich werde dem zustimmen, was Ihr fordert, und werde Euren Wünschen nicht im Wege stehen.« Der Erbprinz antwortete ihm: »Ich wünsche, alle kostbaren Reichtümer zu erhalten, die im Schatzhaus Eurer Majestät sind, diese außerhalb der vier Tore der Stadt und auf dem Marktplatz auszubreiten, um damit Geschenke machen zu können. Ich will allen, die etwas erbitten, willfahren und mich den Wünschen der Menschen nicht entgegensetzen. »Der König sagte zu ihm: »Tut, wie es Euch gefällt. Ich leiste Euch keinen Widerstand.« Der Erbprinz beauftragte also die Minister, die ihm zur Seite waren, die kostbaren Reichtümer herbeizuschaffen, sie sowohl außerhalb der vier Tore der Stadt, als auch auf dem Marktplatz auszubreiten, damit er mit diesen Geschenke machen und die Wünsche der Menschen zufriedenstellen könne und er sich keinerlei Neid entgegenstellen müsse. In den acht Richtungen, einschließlich Oben und Unten, gab es keinen Menschen, der nicht über die verdienstvolle Handlung, die der Erbprinz da durchführte, gehört hätte. Von den vier Hauptrichtungen eilten die Menschen herbei. Die einen kamen aus 100 Meilen Entfernung, die anderen aus 1000, die anderen aus 10000. Jene, die essen wollten, wurden gespeist. Jene, die Kleider begehrten, bekamen solche. Jenen, die Gold oder Silber oder Edelsteine zu erhalten wünschten, gab man so viele sie wollten. Jeder bekam den Gegenstand, den er sich wünschte und es wurde keinem Begehren widersprochen.

Zu jener Zeit erfuhr ein rivalisierender König, der böse Absichten hatte, daß der Erbprinz sich freute, Geschenke machen zu können, die ganz mit dem übereinstimmten, was einer begehrte, und daß er sich keinem Verlangen widersetzte. Er versammelte also seine Minister und eine Menge von Priestern, um eine Ratssitzung abzuhalten. Er sagte zu ihnen: »Der König des Königreiches von Cibi hat einen weißen Elephanten, der auf Lotosblüten geht. Sein Name ist Hsiu-t'an-yen. Er ist sehr stark und gilt viel im Kampf. Immer, wenn gegen andere Königreiche Kämpfe geführt wurden, hat dieser Elephant den Sieg davon getragen. Wer wagt zu gehen, um ihn zu fragen, ob er uns den Elephanten gibt?«

Alle Minister antworteten, daß sie außerstande seien, zu gehen, um den Elephanten zu bekommen. Es gab jedoch in der Versammlung acht Priester, die zum König sagten: »Wir wagen es, zu gehen und zu fragen, ob er uns diesen Elephanten gibt. Gebt uns Versorgung für die Reise.« Der König ließ ihnen diese aushändigen und fügte dann hinzu: »Wenn Ihr Euch des Besitzes dieses Elephanten versichern könnt, werde ich Euch großzügig belohnen.« Die acht Priester machten sich also auf den Weg und nahmen ihren Stock in die Hand; weit über Berge und Flüsse wandernd, gelangten sie ins Königreich Cibi und kamen am Tor zum Palast des Erbprinzen an. Sich auf ihren Stock stützend und einen Fuß anhebend blieben sie, dem Tor zugewandt, stehen. Der Torwächter kam, um dem Erbprinzen mitzuteilen, daß draußen Priester seien, die, alle auf ihre Stöcke gestützt und einen Fuß hebend, dastünden und sagten: »Wir sind von weither gekommen, weil wir eine bestimmte Frage zu stellen wünschen.« Als er diese Worte hörte, wurde der Erbprinz sehr vergnügt. Er ging hinaus, um die Priester zu treffen, näherte sich ihnen und bezeugte ihnen Ehrerbietung wie ein Sohn es tut, wenn er seinen Vater sieht. Er befragte sie dann sorgfältig und wollte wissen woher sie kämen, ob sie von der Reise müde seien und schließlich, was der Gegenstand ihres Wunsches sei, auf Grund dessen sie ein Bein in die Luft gestreckt hielten.

Die acht Priester sagten zu ihm: »Wir hörten erzählen, daß der Erbprinz daran Freude habe, Geschenke zu machen, die ganz mit dem übereinstimmen, was der betreffende erbeten hat, so daß dem Verlangen keines Menschen Widerstand entgegengesetzt wird. Der Ruf des Erbprinzen ist in die acht Richtungen gedrungen: In der Höhe hat er den blauen Himmel durchdrungen, in der Tiefe hat er die »Gelben Quellen« erreicht. Die Verdienste, die er durch seine Mildtätigkeit erlangt hat, sind unermeßlich. In der Ferne und in der Nähe feiert man sie mit Gesängen und es gibt keinen Menschen, der nicht davon gehört hätte. Das, was die Menschen über Euch, Erbprinz, sagen, ist wahr und nicht falsch. Ihr seid wohl der Sohn eines überirdischen Wesens. Und die Rede eines überirdischen Wesens kann niemals täuschen. Nun also, da Ihr wirklich dazu fähig seid, Mildtätigkeit walten zu lassen, und Geschenke zu spenden, und sich nie den Wünschen der Menschen zu widersetzen, so wollen wir von Euch den weißen Elephanten, der auf Lotosblüten geht, als Geschenk erbitten.«

Der Erbprinz begab sich also in den Stall der Elephanten und ließ einen Elephanten herausführen. Aber die Priester sagten zu ihm: »Jener, den wir zu haben wünschen, ist der weiße Elephant, der auf Lotosblüten geht und dessen Name Hsiu-t'an-yen ist.«

Der Erbprinz antwortete: »Dieser große weiße Elephant wird von meinem Vater, dem König, sehr geliebt und hochgeschätzt. Er sieht ihn mit demselben Blick an, mit dem er mich ansieht. Ich weiß nicht, wie ich ihn Euch geben könnte. Wenn ich ihn fortgebe, so verliere ich die Liebe meines Vaters, der vielleicht fähig wäre, auf Grund eines solchen Vergehens im Hinblick auf jenen Elephanten, mich zu vertreiben und aus dem Königreich zu verbannen.« Der Erbprinz überlegte jedoch weiter: »Ich habe nun einmal den feierlichen Schwur abgelegt, alle Dinge als Geschenke hinzugeben, die man von mir verlangt und mich keinem Verlangen zu widersetzen. Wenn ich mich jetzt weigere, widerspreche ich meinen lautersten Absichten. Wenn ich diesen Elephanten nicht hinschenke, auf welche Weise könnte ich dann das

Ziel der höchsten Vollkommenheit, die für alle gleich ist, erlangen? Ich will lieber zustimmen, ihnen diesen Elephanten zu geben, damit ich die höchste Vollkommenheit, die für alle gleich ist, verwirklichen kann.«

Der Erbprinz erklärte also schließlich: »Ich stimme zu. Es ist sehr gut. Ich wünsche, ihn Euch zu geben.« Er befahl seinen Begleitern, auf jenem Elephanten seinen goldenen Sattel zu befestigen und ihn sofort herbeizuführen. Der Erbprinz nahm mit der linken Hand Wasser und wusch die Hände der Priester, mit der rechten Hand zog er den Elephanten, um ihn ihnen zu übergeben. Als die acht Priester im Besitz des Elephanten waren, sprachen sie einen Segenswunsch für den Priester aus, dann, nachdem sie diesen Wunsch ausgesprochen hatten, bestiegen sie alle den weißen Elephanten und zogen voll Freude fort. Der Erbprinz hatte ihnen noch gesagt: »Brecht sofort auf, denn wenn der König erfährt, was geschehen ist, könnte er Leute aussenden, um Euch zu verfolgen und Euch den Elephanten wieder wegzunehmen. So gingen die acht Priester in Hast weg.

Als die Minister des Königreiches erfuhren, daß der Erbprinz dem Feind den weißen Elephanten zum Geschenk gemacht habe, waren sie alle bestürzt und wurden von Furcht ergriffen. Sie fielen von ihren Liegen auf die Erde, versanken in tiefen Kummer und konnten sich nicht mehr freuen. Sie überlegten: »Unser Land konnte sich an nichts anderes als an diesen Elephanten halten, um die rivalisierenden Königreiche zurückzuhalten.« Sie gingen zum König und sagten: »Der Erbprinz hat den kostbaren Elephanten genommen, der in unserem Königreich die rivalisierenden Königreiche zurückgehalten hat, und hat ihn unserem Feinde zum Geschenk gemacht.«

Als der König diese Worte hörte, war er völlig außer Fassung. Sie fügten hinzu: »O König, wenn Ihr bis jetzt das Königreich behalten habt, so deshalb, weil Ihr diesen Elephanten hattet, der stärker als 60 Elephanten war. Nun, da ihn der Erbprinz unserem Feind übergeben hat, muß man da nicht fürchten, daß dies zur Ursache für den Untergang des Königreiches werden wird? Was soll man machen? Indem sich der Erbprinz allen Arten von Mildtätigkeit hingibt, die er sich nur vorstellen kann, leert er täglich das Schatzhaus des Palastes. Wir fürchten, daß er nicht aufhören wird, bis er auch noch das ganze Königreich und Frau und Kinder verschenkt hat.« Als der König diese Worte vernahm, fühlte er, wie sein Ärger sich noch verdoppelte. Er rief nun einen seinen Minister zu sich und fragte ihn: »Ist es wirklich wahr, daß der Erbprinz den weißen Elephanten genommen hat, um ihn unserem Feind zu geben?« Als der Minister bejahte, wurde der König von neuem sehr bestürzt. Er fiel von seiner Lagerstätte zur Erde und sein Kummer war so groß, daß er niemanden mehr erkannte. Man besprengte ihn mit frischem Wasser und nach einiger Zeit kam er wieder zu sich. Auch seine 20000 Gemahlinnen hatten keine Freude mehr.

Der König besprach sich mit seinen Ministern und fragte sie, wie man mit dem Erbprinz verfahren solle. Einer seiner Minister antwortete: »Demjenigen, der mit seinen Füßen den Stall der Elephanten betritt, müssen die Füße abgeschnitten werden. Demjenigen, der mit seinen Händen einen der Elephanten berührt, muß man die Hände abschneiden. Demjenigen, der mit seine Augen einen der Elephanten betrachtet, muß man die Augen ausreißen.« Ein anderer sagte, daß man den Erbprinzen enthaupten solle. Das waren die verschiedenen Meinungen, die die Minister aufgrund ihrer Überlegungen äußerten. Als der König ihre Worte hörte, war er tief betrübt. Er sagte zu seinen Ministern: »Mein Sohn liebt sehr die Weisheit und freut sich, den Menschen Liebesdienste erweisen zu können. Soll ich ihn hindern, indem ich ihn verhafte und einschließe?« Einer der großen Minister, die zugegen waren, wandte sich gegen die Meinungen, die von den anderen Ministern ausgesprochen worden waren, und er verurteilte sie, indem er sagte: »O König, Ihr habt nur den einen Sohn und Ihr liebt ihn sehr. Warum wollt Ihr ihn hinrichten oder verstümmeln lassen? Wie könntet Ihr einen solchen Gedanken hegen?« Er fügte hinzu: »Ich kann mir kaum erlauben, Euch zu raten, o großer König, den Erbprinzen am Handeln zu hindern, indem Ihr ihn festnehmt und gefangensetzt. Bemüht Euch, ihn aus dem Königreich zu verbannen. Schickt ihn für zwölf Jahre in die Wildnis in den Bergen. Das wird ihn zur Vernunft bringen.« Der König folgte der Meinung des großen Ministers. Er schickte also einen Boten, um den Erbprinzen zu rufen. Dann fragte er ihn. »Habt Ihr den weißen Elephanten genommen, um ihn unserem Feinde zu geben?« Der Erbprinz antwortete, daß er das in der Tat getan habe. Der König erwiderte:

»Warum habt Ihr meinen weißen Elephanten genommen, um ihn meinem Feind zu geben? Warum habt Ihr mich davon nichts wissen lassen?« »Ich hatte früher schon«, antwortete der Prinz, »von Eurer Majestät die Zusicherung erhalten, daß Ihr mir alle Arten von Mildtätigkeit erlaubt, die ich ausüben will, und daß Ihr keinem Wunsch entgegensteht, der Euch vorgebracht werden könnte. Das ist der Grund, warum ich Euch nicht benachrichtigt habe.« Der König sprach: »Die Zusicherung, die ich Euch früher gab, bezog sich auf nichts anderes als auf Edelsteine. Wie sollte da der weiße Elephant mitinbegriffen sein.« »Alle diese Dinge«, sagte der Prinz, »sind in gleicher Weise Besitz des Königs. Wie sollte da der weiße Elephant einzig und allein ausgeschlossen sein?« Der König sprach zum Erbprinzen: »Verlaßt sofort das Königreich. Ich verbanne Euch für 12 Jahre in die Berge von T'an-T'o.« Der Erbprinz antwortete: »Ich möchte nicht wagen, die Vorschriften Eurer Majestät zu verletzen, aber ich würde gerne sieben Tage lang noch Mildtätigkeit ausüben, um meine schwachen Gefühle zu verwirklichen. Danach werde ich das Königreich verlassen.« Der König antwortete: »Wenn ich Euch vertreibe, so genau deshalb, weil Ihr mit Eurer Mildtätigkeit zu weit gegangen seid, weil Ihr auf diese Weise meine Schatzkammern geleert habt und den Verlust einer großen Kostbarkeit verursacht habt, die mir bisher erlaubte, meine Feinde in Schach zu halten. Bleibt also nicht hier, um noch sieben Tage lang Mildtätigkeit auszuüben, sondern geht sofort weg. Ich stimme Eurem Vorhaben nicht zu.« Der

Erbprinz sagte: »Ich möchte mir nicht erlauben, die Bestimmungen Eurer Majestät zu verletzen. Jedoch besitze ich persönlich einige Reichtümer. Diese möchte ich gerne verschenken. Danach werde ich fortgehen. Aber ich wage nicht mehr, die Kostbarkeiten des Königreiches wegzugeben.«

Die 20000 Gattinnen begaben sich zusammen zum König, um ihn zu bitten, daß der Erbprinz noch sieben Tage lang Mildtätigkeit üben dürfe. Danach möge er das Königreich verlassen. Der König stimmte zu.

Also beauftragte der Erbprinz seine Begleiter, in den vier Himmelsrichtungen zu verkünden, daß diejenigen, die Reichtümer erhalten wollten, an das Tor des Palastes kommen sollten, wo sie das, was sie wünschten, erhalten würden. Ein Sprichwort sagt: »Wenn Menschen Reichtümer besitzen, können sie sie nicht ständig bewachen. Ein Tag kommt, wo sie sie verlieren und zerstreuen.«

Nun eilten also von den vier Himmelsrichtungen die Menschen zum Palasttor. Der Erbprinz bereitete ihnen zu essen. Er teilte seine Kostbarkeiten aus und jeder ging zufrieden davon. Am Ende der sieben Tage waren die Reichtümer aufgebraucht. Die Armen waren reich geworden und 10000 Menschen waren glücklich und fröhlich.

Der Erbprinz sprach nun zu seiner Frau: »Steht sofort auf und hört, was ich Euch sage: der große König hat beschlossen, mich zu verbannen. Er schickt mich für zwölf Jahre ins Gebirge T'an-T'o.« Als sie hörte, was der Erbprinz sagte, erhob sich die Prinzessin, seine Frau, ganz bestürzt und überrascht und sagte zu ihm: »Welches schwere Vergehen habt Ihr begangen, daß sich der König so hart gegen Euch verhält?« Der Erbprinz antwortete: »Es ist, weil nach seinem Urteil meine Freigebigkeit zu weit geht, da ich das Schatzhaus des Reiches geleert habe und unserm Feind den wertvollen weißen Elephanten als Geschenk gegeben habe. Als sie dies überdachten, waren der König und seine Minister einig in ihrem Zorn, mich zu vertreiben.« Madrī, seine Frau, sagte: »Auf daß das Königreich blühe, wünsche ich, daß sowohl der große König als auch die Minister, die an seiner Seite sind, die Beamten und das Volk, Groß und Klein, Überfluß und unbegrenzte Freude haben. Ich jedoch, ich will alle meine Kräfte aufbieten, um mich mit Euch zu bemühen, in jenem Gebirge nach der Weisheit zu streben.«

Der Erbprinz sagte zu ihr: »Wenn sich ein Mensch in einem Gebirge aufhält, das furchterregend ist, so ist es für ihn schwierig, ruhig Blut zu bewahren. Die Tiger, die Wölfe und die wilden Tiere sind dort sehr zu fürchten. Ihr, die Ihr gewohnt seid, Euren Einfällen zu folgen und Euch zu vergnügen, wie könntet Ihr ein solches Leben ertragen? Ihr lebt im Palast. Ihr seid in feine und geschmeidige Gewänder gekleidet. Ihr ruht unter Teppichen. Ihr trinkt gute Getränke, eßt weiche und ausgewählte Speisen und habt alles, was Euer Mund begehrt. Aber in den Bergen wäre Eure Liegestatt aus Blättern gemacht, Eure Nahrung bestünde aus Früchten. Wie könnte Euch das gefallen? Außerdem gibt es dort oft Sturm, Regen und Donnerschlag,

Blitze, Nebel und Tau, die die Haut des Menschen rauh machen. Wenn es kalt ist, ist es äußerst kalt, wenn es heiß ist, ist es äußerst heiß. Unter den Bäumen findet man keinen Platz, um sich aufzuhalten. Denkt auch noch daran, daß die Sonne von Insekten verdunkelt ist. Wie könntet Ihr all das ertragen?«

Madrī antwortete: »Was nützen mir die feinen und schmiegsamen Stoffe, die Seidendecken, die erlesenen Getränke und weichen und ausgewählten Nahrungsmittel, wenn ich von Euch, o Prinz, getrennt bin? Ich könnte niemals fern von Euch sein. Unter den gegenwärtigen Umständen muß ich mit Euch fortgehen. Der König hat zum Zeichen seine Standarte, das Feuer hat seinen Rauch. Eine Frau hat zum Zeichen ihren Mann. Ihr allein seid es, dem ich angehöre, und Ihr seid für mich der Himmel. Zu der Zeit, da Ihr im Königreich damit beschäftigt wart, den Menschen, die aus den vier Himmelsrichtungen gekommen waren, Mildtätigkeit zu erweisen, habe ich mit Euch an diesem Werk der Liebe teilgehabt. Jetzt, da Ihr in die Ferne zieht, wenn dann einer käme und mich um Almosen bäte, was sollte ich ihm antworten? In dem Augenblick, da ich sähe, daß Menschen kommen, um Euch anzuflehen, würde ohne Zweifel mein Herz brechen.« Und der Erbprinz antwortete ihr: »Es freut mich, mildtätig zu sein, und ich habe mich keinerlei Wünschen, die irgendwer äußerte, widersetzt. Wenn einer käme, um meinen Sohn oder meine Tochter von mir zu verlangen, so könnte ich mich nicht entziehen, sie ihm zu geben. Wenn Ihr diese meine Worte mißbilligen müßtet, so beirrtet Ihr meine stärksten Gefühle. Es ist dann besser, wenn Ihr weggeht.«

Madrī antwortete: »Ich bin bereit, ohne Bedauern jegliche Mildtätigkeit zu billigen, die zu gewähren Ihr Euch erfreut. Auf der ganzen Welt hat es noch keinen Menschen gegeben, der so mildtätig ist wie Ihr es seid, o Prinz.«

Der Erbprinz erwiderte. »Wenn Ihr wirklich dazu fähig seid, so ist das sehr gut.«

Der Erbprinz begab sich nun mit seiner Frau und seinen beiden Kindern zu seiner Mutter und nahm von ihr Abschied. Und er sagte zu ihr: »Ich wünsche, daß Ihr den großen König oft dazu ermahnt, daß er sein Königreich nach dem großen Gesetz regiert und daß er nicht den Unglauben in seinem Volk einwurzeln läßt.«

Als seine Mutter sah, daß der Erbprinz nun von ihr Abschied nehmen mußte, war sie tief bewegt und traurig. Sie sagte zu ihren Begleitern. »Mit einem Körper hart wie Stein und einem Herzen so widerstandsfähig wie Eisen habe ich dem großen König gedient, ohne mich dabei zu verfehlen. Nun habe ich nur diesen einen Sohn und er verläßt mich. Warum kann mein Herz nicht in Stücke brechen, so daß ich sterbe? Ein Kind im Schoß seiner Mutter ist wie ein Blatt, das am Baum wächst Tag und Nacht und sich entfaltet. Ich habe mein Kind genährt, bis es erwachsen wurde, und nun kommt es und verläßt mich. Die anderen Frauen werden sich freuen, und der König wird mich nicht mehr achten. Wenn der Himmel nicht gegen mein Gelübde ist, so möge er bewirken, daß mein Sohn bald wieder in das Königreich zurückkehrt.«

Der Erbprinz bezeugte mit seiner Frau und den beiden Kindern seinem Vater und seiner Mutter Ehrerbietung. Dann ging er weg. Von den 20000 Gattinnen hatte jede eine echte Perle aufgereiht und diese Kette schenkten sie dem Prinzen. Die 4000 Minister hatten ein Blumengebinde aus den sieben kostbaren Substanzen (Edelsteinen) hergestellt und überreichten dieses als Geschenk dem Erbprinzen.

Nachdem dieser den Palast verlassen hatte, trat er nach Norden durch das Tor der Stadt. Er nahm die Blumen der sieben kostbaren Substanzen und die Perlen-Kette und schenkte sie den Menschen, die aus den vier Richtungen gekommen waren. Die Beamten und die Leute aus dem Volk, alle, groß und klein, kamen zu Tausenden und Abertausenden, um Geschenke darzubringen und eine gute Reise zu wünschen. Sie sprachen untereinander und sagten: »Der Erbprinz ist ein hervorragender Mann. Er ist der gute Geist dieses Königreichs. Warum trieben Vater und Mutter dieses Kind, ein so kostbares Juwel des Lebens, fort?« Alle, die an seinem Weggang teilnahmen, fühlten Bedauern. Der Erbprinz setzte sich unter einen Baum außerhalb der Stadt, nahm Abschied von denen, die ihn begleitet hatten, und sagte ihnen, daß sie nun zurückkehren müßten. Die Beamten und die Leute aus dem Volk, alle, groß und klein, kehrten also zurück, wobei sie viele Tränen vergossen.

Der Erbprinz stieg mit seiner Frau und seinen beiden Kindern auf einen Wagen, den er selbst lenkte, und fuhr weg. Nachdem er lange Zeit seinem Weg gefolgt war, hielt er an, um sich unter einem Baum auszuruhen. Schon kam ein Brāhmane, der ihm sein Pferd abverlangte. Der Erbprinz schirrte sein Pferd aus und gab es ihm.

Dann setzte er die beiden Kinder in den Wagen, den seine Frau nun von hinten schob, während er selbst zwischen den beiden Deichseln den Wagen zog. Als sie wieder ein Stück weit gegangen waren, kam ein anderer Brāhmane und verlangte seinen Wagen. Der Erbprinz gab ihm auch diesen. Nachdem sie wieder weiter gegangen waren, begegnete ihnen ein anderer Brāhmane, der ein Almosen forderte. Der Erbprinz sagte zu ihm: »Es ist nicht so, daß ich Euch Euren Wunsch abschlagen möchte, aber meine Güter sind aufgebraucht.« Der Brāhmane antwortete: »Wenn Ihr kein anderes Gut habt, so gebt mir Eure Kleider, die Ihr auf Eurem Leibe tragt.« Der Erbprinz entledigte sich also seiner kostbaren Kleider, gab sie ihm und zog ein altes Gewand an. Etwas weiter traf er noch einen Brāhmanen, der ihn um ein Almosen bat; diesem gab er die Kleider seiner Frau. Wiederum etwas weiter gab er einem anderen bettelnden Brāhmanen die Kleider seiner beiden Kinder. Also fand der Erbprinz, daß er nun alles verschenkt hatte, seinen Wagen, sein Pferd, sein Geld, seine Güter, seine Kleider. Dabei spürte er keinerlei Bedauern. Das Bedauern war nicht größer als die Haut oder ein Haar dick sind. Der Erbprinz selbst trug nun seinen Sohn, seine Frau trug das Mädchen, und so gingen sie zu Fuß dahin. Der Prinz, seine Frau und die beiden Kinder hatten ein friedliches Gesicht und waren fröhlich. Und so gingen sie mitsammen in die Berge. Das Gebirge T'an-t'o war mehr als 6000 Meilen vom Königreich Cibi entfernt. Es war also sehr weit weg gelegen, und um dorthin zu gelangen, durchquerten sie mehrere Wüsten, wo sie Hunger und Durst litten. Śakra, der König der Gottheiten, im Trayastrimsas-Himmel wohnend, ließ auf wunderbare Weise mitten im wüsten Morast eine Stadt entstehen mit Vorstädten, Plätzen, Wohnvierteln, Straßen und Gassen und Erholungsstätten. Kleider, Getränke, Nahrungsmittel gab es in Fülle. Die Leute aus der Stadt kamen zum Erbprinzen und luden ihn ein, bei ihnen zu verweilen, zu trinken, zu essen und sich zu erfreuen. Die Prinzessin sagte zum Prinzen: »Wir haben einen sehr langen Marsch hinter uns. Können wir hier nicht etwas rasten?« Der Prinz antwortete: »Der König, mein Vater, hat mich in das Gebirge T'an-t'o, verbannt. Hier zu rasten, wäre der Anordnung des Königs, meines Vaters, zuwider. Das wäre nicht mit kindlicher Pietät gehandelt.« Also ging er aus der Stadt weg. Als er einen Blick zurückwarf, war diese Stadt auf einmal verschwunden.

Sie setzten ihre Wanderung fort und so gelangten die Verbannten schließlich zum Gebirge T'an-t'o. Am Fuße jener Berge floß ein großer Fluß, so tief, daß man ihn nicht durchqueren konnte. Die Prinzessin sagte zu ihrem Gemahl: »Rasten wir hier ein wenig, bis das Wasser niedriger geworden ist, und dann überschreiten wir den Fluß.«

Der Erbprinz antwortete: »Der König, mein Vater, hat mich in die Berge von T'an-t'o verbannt. Mich hier aufzuhalten, würde bedeuten, den Anordnungen des Königs, meines Vaters, zu widersprechen. Das wäre nicht mit kindlicher Pietät gehandelt.« Der Erbprinz versank dann in der Ekstase des mitleidenden Herzens.

Sogleich erhob sich im Fluß ein großer Berg, der das Wasser wie ein Damm teilte. Der Prinz und seine Frau konnten ihn nun leicht durchschreiten, indem sie ihre Kleider hoch hoben. Als sie am anderen Ufer waren, überlegte der Prinz bei sich: »Wenn wir nun weggehen und die Dinge im jetzigen Zustand lassen, wird der Fluß bald über die Ufer treten und die Menschen zugrunde richten und auch die Wesen, die da kriechen, jene, die fliegen, jene, die herumwimmeln und jene, die in der Erde wühlen.« Der Erbprinz wandte seine Schritte zurück und sprach zum Fluß: »Fließe wieder wie früher. Wenn Menschen zu mir kommen wollen, so erlaube ihnen allen, überzusetzen.« Als der Prinz diese Sätze gesprochen hatte, strömte der Fluß wieder wie vorher.

Als sie weiterzogen, kamen sie an den Berg T'an-t'o. Der Erbprinz sah, daß das Gebirge hoch und majestätisch war. Die Bäume waren üppig. Alle Arten von Vögeln sangen in süßer Weise. Es gab Quellen lebenspendenden Wassers, klare Teiche, köstliches Wasser und saftige Früchte. Wilde Vögel, Reiher, Eisvögel, Enten und allerlei andere Arten von Vögeln gab es im Überfluß. Der Erbprinz sagte zu seiner Frau: »Seht die Bäume in diesen Bergen an, die sich bis in den Himmel erheben, ohne daß einer zerborsten oder beschädigt wäre. Wir werden dieses wunderbare Wasser trinken, wir werden diese saftigen Früchte essen und können uns sogar im Schoß dieses Gebirges dem Studium der Weisheit widmen.« Damit ging der Prinz in das Gebirge hinein. Alle Vögel und die Vierfüßler, die sich dort befanden, waren sehr erfreut und kamen, um ihn zu begrüßen.

Auf dem Gipfel des Berges wohnte ein Einsiedler namens Acyuta, der 500 Jahre alt war, und außerordentlich wunderbare Tugend erlangt hatte. Der Erbprinz bezeugte ihm Ehrerbietung, dann trat er zurück, hielt sich gerade und sagte zu ihm: »Gibt es wohl in diesen Bergen einen Platz mit süßen Früchten und gutem Wasser, wo wir uns niederlassen können?« Acyuta antwortete ihm: »Alle diese Berge sind gesegnetes Land, Ihr könnt Euch niederlassen, wo Ihr wollt!« Und er fügte hinzu: »In diesen Bergen gibt es reine und ruhige Flecken. Doch warum sind Eure Frau und Eure Kinder mitgekommen, wenn Ihr Euch dem Studium der Weisheit hingeben wollt?«

Noch bevor der Prinz antwortete, fragte Madrī den Einsiedler: »Seit wieviel Jahren widmet Ihr Euch hier dem Studium der Weisheit?« Der Einsiedler antwortete ihr, daß er in diesen Bergen seit vier- bis fünfhundert Jahren weile, worauf sie sagte: »Rechnet bitte einmal aus, wieviel Zeit ein Mensch wie ich brauchen würde, um die Weisheit zu erlangen. Selbst angenommen, daß ich in diesem Gebirge so lange verweilen würde wie diese Bäume, so kann ich mir nicht vorstellen, daß eine Person wie ich die Weisheit erlangen könnte.« Der Einsiedler antwortete: »In der Tat sind das Dinge, die ich nicht abschätzen kann.« Der Erbprinz fragte den Einsiedler: »Habt Ihr jemals von dem Erbprinzen Vessantara reden gehört, dem Sohn des Königs von Cibi?« »Ich habe oft von ihm reden gehört,« antwortete der Einsiedler, »aber ich habe ihn nie gesehen.« »Ich bin es«, sagte der Prinz, »ich selbst bin der Erbprinz Vessantara«. Als ihn der Einsiedler fragte, was er zu erlangen wünsche, erklärte er, daß er wünsche, das »Mahāyāna«, die »Lehre des großen Fahrzeugs« zu erlangen. Der Einsiedler sagte zu ihm: »Da Eure Verdienste groß sind, werdet Ihr das Mahāyāna in kurzer Zeit erlangen. Wenn Ihr die höchste Weisheit erlangt habt, werde ich Euer erster Schüler sein und begabt werden mit übernatürlichen Kräften.«

Der Einsiedler zeigte dem Erbprinzen einen Platz, wo er leben könne. Der Prinz nun nahm sich den Einsiedler zum Vorbild, legte ein Band um seinen Kopf und flocht seine Haare. Er trank Wasser aus den Quellen und ernährte sich von Früchten. Dann sammelte er Äste, um eine kleine Holzhütte zu bauen. Außerdem baute er noch drei Holzhütten, die für Madrī und die beiden Kinder bestimmt waren. Der Bub hatte den Namen Jāli, er war sieben Jahre. Er trug Kleider, die aus Blättern gemacht waren und begleitete stets seinen Vater. Das Mädchen hieß Krischnadschina, sie war sechs Jahre alt. Sie trug Kleider aus Hirschhaut und begleitete ständig ihre Mutter. Alle Vögel und Vierfüßler in den Bergen waren voller Freude und setzten ihr ganzes Vertrauen auf den Erbprinzen. Als sich jener an eine bestimmte Stelle begab, um dort eine Nacht zu verbringen, strömte aus Höhlen und Teichen Quellwasser, aus den vertrockneten Bäumen sprossen Blumen und Blätter. Alle Insekten und bösen Tiere verschwanden. Die fleischfressenden Tiere gewöhnten sich freiwillig an, sich von Blättern zu ernähren. Die verschiedenen Fruchtbäume trugen plötzlich reichlich Früchte. Die mannigfachen Vögel führten mit ihren Stimmen ein Konzert auf und zwitscherten um die Wette. Madrī war damit beschäftigt, Früchte zu sammeln, um sie ihrem Gemahl, dem Prinzen, zu essen zu geben, wie auch seinem Sohn und seiner Tochter. Die beiden Kinder liefen manchmal auch ohne Vater und Mutter allein durch den Wald. Es freute sie, mit den Tieren am Flußufer zu spielen, und ein paarmal verbrachten sie auch die Nacht dort. Einmal sprang der Bub Jāli während eines Spiels einem Löwen auf den Rücken wie auf ein Pferd. Der Löwe tat einen Sprung und Jāli fiel zu Boden. Er verletzte sich im Gesicht und Blut floß. Ein Affe nahm Blätter vom Baum und wischte das Blut aus seinem Gesicht, dann führte er Jāli ans Flußufer und wusch ihn. Der Erbprinz sah von ferne, von dem Platz aus, an dem er saß und meditierte, diese Szene und rief: »Was haben doch die TIERE für ein Mitgefühl!«

Zu jener Zeit gab es im Königreich Kuru einen armen Brāhmanen, der, 40 Jahre alt, verheiratet war. Seine Frau war sehr schön. Im Gegensatz zu ihr war er von allen zwölf Arten der Häßlichkeit heimgesucht: Sein Körper war schwarz wie Pech, auf seinem

Gesicht hatte er drei Schwielen, die Kante seiner Nase war dünn, seine beiden Augen waren grün. Seine Gestalt war krumm, seine Lippen hingen herab, er stotterte, er hatte einen großen Bauch, der Rücken war ein Buckel; seine Gliedmaßen waren schief und mißgestaltet und dazu war sein Kopf auch noch kahl. Er sah wirklich aus wie ein Dämon. Seine Frau, die sich vor ihm erschreckte, verwünschte ihn und hätte ihn am liebsten umgebracht.

Als diese Frau eines Tages ging, um Wasser zu holen, traf sie auf eine Gruppe junger Leute, die sich über ihren Mann lustig machten und ihn ins Lächerliche zogen. Sie fragten: »Ihr, die Ihr so wunderschön seid, wie könnt Ihr die Frau eines solchen Mannes sein?« Sie antwortete ihnen: »Das Haupt jenes Alten ist weiß wie der Reif auf den Bäumen. Von Morgen bis Abend würde ich es gerne dahin bringen, daß er stirbt. Aber was kann ich machen, wenn er einfach nicht stirbt?« Die Frau ging dann weg, trug ihr Wasser und weinte. Kaum war sie zu Hause, sagte sie zu ihrem Mann: »Ich bin gegangen, um Wasser zu holen, aber eine Bande junger Leute hat sich zusammengetan, um über mich zu lachen. Ihr müßt mir eine Sklavin suchen. Wenn ich eine Sklavin habe, bin ich nicht mehr gezwungen, selbst Wasser zu holen, und die Leute können nicht mehr über mich lachen.« Ihr Mann antwortete: »Ich bin sehr arm, wo soll ich eine Sklavin bekommen?« Seine Frau antwortete: »Wenn Ihr nicht geht, um mir eine Sklavin zu suchen, werde ich weggehen und nicht mehr bei Euch bleiben.« Sie fügte hinzu. »Ich habe immer wieder gehört, daß der

Erbprinz Vessantara, weil er höchste Mildtätigkeit geübt hat, vom König, seinem Vater, in die Berge T'an-t'o verbannt worden ist. Er hat einen Sohn und eine Tochter. Geht und fragt ihn, ob er Euch die beiden gibt.« Der Mann hielt ihr entgegen, daß das Gebirge T'an-t'o mehr als 6000 Meilen entfernt liege, und daß ihm dann nichts anderes übrig bleibe, als zu jenem Gebirge zu gehen, um eine solche Frage an den Prinzen zu richten. Aber seine Frau sagte zu ihm: »Wenn Ihr mir keine Sklavin sucht, werde ich mich töten, indem ich mir den Hals durchschneide.« »Es wäre mir lieber«, antwortete der Mann, »wenn ich eher selbst zugrundeginge, als daß ich Euren Tod verursachte.« Er fügte hinzu: »Wenn Ihr wollt, daß ich diese Reise unternehme, ist es nötig, daß Ihr mir Proviant auf den Weg mitgebt.« Darauf antwortete seine Frau: »Geht nur ohne. Ich habe keinen Proviant.« Der Brāhmane bereitete sich also selbst ein wenig Reiseproviant. Dann machte er sich auf den Weg.

Er erreichte zuerst das Königreich Cibi und nachdem er am Tor des Palastes angekommen war, fragte er von draußen den Torhüter: »Wo befindet sich jetzt der Erbprinz Vessantara?« Der Torhüter ging sogleich hinein, um dem König mitzuteilen, daß ein Brāhmane draußen sei und gefragt habe, ob er den Erbprinzen sehen könne. Bei dieser Nachricht war der König bewegt und sagte erzürnt: »Einzig wegen dieser Brut von Brāhmanen habe ich den Erbprinzen verbannt. Warum kommen solche Menschen jetzt immer noch hierher?« Und er fügte in bildlichem Vergleich hinzu: »Es ist wie bei einem Feuer, das sich schon fast verzehrt hatte, in welches man aber trokkene Zweige wirft. Mein Zorn ist wie ein Feuer, das sich beinahe schon selbst verzehrt hat. Dieser Mensch aber, der da kommt und nach dem Prinzen fragt, ist trockenen Zweigen ähnlich, die man aufs neue hineinwirft.« Der Brāhmane sagte. »Ich komme aus einem fernen Land, weil ich vom Ruhm des Erbprinzen erzählen hörte, der noch bis in den blauen Himmel dringt und der hinunter bis zu den gelben Quellen* reicht. Der Erbprinz sei mitleidig und widersetze sich nie einem Wunsch, den man äußert. Ich bin nun von Ferne gekommen, weil ich eine Bitte an ihn richten möchte.« Der König antwortete: »Der Erbprinz lebt einsam in den tiefsten Bergen und ist arm. Wie könnte er Euch etwas geben, gleich was es sei?« »Auch wenn der Erbprinz nichts besitzt«, antwortete der Brāhmane, »lege ich großen Wert darauf, ihn zu sehen.« Der König beauftragte also schließlich Leute, ihm den Weg zu zeigen.

So machte sich der Brāhmane auf den Weg in die Berge T'an-t'o. Als er am Ufer jenes großen Flusses ankam, dachte er einzig und allein an den Erbprinzen und schon konnte er übersetzen. Als er weiter in den Bergen dahinging, traf er auf einen Jäger, den er fragte: »Hattet Ihr schon mal Gelegenheit, in diesen Bergen den Erbprinzen Vessantara zu sehen?« Der Jäger wußte allzu gut, daß der Erbprinz in diese Berge verbannt worden war, weil er den Brāhmanen gegenüber zu mildtätig gewesen sei. Er stieß deshalb

* Hades, Unterwelt, Welt der Abgeschiedenen.

den Brāhmanen nieder, band ihn an einen Baum und begann ihn so zu verprügeln, bis sein Körper nur noch eine einzige Wunde war. Dann schmähte er ihn und sagte: »Ich würde am liebsten Euren Wanst in Stücke reißen und Euer Fleisch verschlingen. Was braucht Ihr zu fragen, wo der Prinz ist?« Der Brāhmane dachte: »Der Mensch tötet mich noch. Es ist vonnöten, ihm eine große Lüge zu erzählen.« Er sagte also zu ihm: »Solltet Ihr mich nicht erst mal fragen, was ich hier zu tun habe?« »Was gibt es da zu sagen?« fragte der Jäger. Der Brāhmane antwortete: »Da der König, sein Vater, wünscht, den Erbprinzen zu sehen, hat er mich auf die Suche nach ihm geschickt, auf daß ich ihn einlade, in das Königreich zurückzukehren.« Da band ihn der Jäger sofort los. Er brachte tausend Entschuldigungen vor und sagte, daß er wirklich nicht geahnt habe, was seine Absichten seien. Dann zeigte er ihm, wo sich der Prinz befand.

Der Brāhmane kam also dort an, wo sich der Prinz aufhielt. Als jener seiner ansichtig wurde, war der Prinz sehr erfreut. Er ging ihm entgegen und bezeigte ihm Ehrbietung. Dann fragte er ihn nach seinem Begehren: »Woher kommt Ihr? Seid Ihr von der Reise müde? Was wollt Ihr?« Der Brāmane antwortete: »Ich komme von weither. Mein Körper ist ganz erschöpft und leidend. Außerdem habe ich großen Hunger und Durst.« Der Erbprinz bat ihn also, einzutreten und sich niederzusetzen. Er gab ihm Früchte und einen Trunk. Als der Brāhmane das Wasser getrunken und die Früchte gegessen hatte, sagte er zum

Erbprinzen: »Ich stamme aus dem Königreich Kuru. Seit langem habe ich von Eurer Barmherzigkeit gehört, denn Euer Ruhm ist in die zehn Richtungen gedrungen. Ich bin sehr arm und wollte Euch nach einer bestimmten Sache fragen.« Der Prinz antwortete: »Es gibt nichts, was ich Euch verweigern würde. Aber alles, was ich besitze, ist verteilt. Ich habe nichts mehr, was ich Euch geben könnte.« »Wenn Ihr sonst nichts habt,« antwortete der Brāhmane, »so macht mir doch Eure beiden Kinder zum Geschenk, damit sie mir in meinem Alter beistehen.«

Als er diese Bitte dreimal vorgebracht hatte, sagte der Erbprinz zu ihm: »Ihr seid von weither mit dem Wunsch gekommen, meinen Sohn und meine Tochter zu erhalten. Wie könnte ich mich weigern, sie Euch zu geben?« Zu diesem Zeitpunkt waren die beiden Kinder zum Spielen fortgegangen. Der Erbprinz rief sie herbei und sagte zu ihnen: »Ein Brāhmane ist von weither gekommen, mich zu bitten, euch ihm zu geben. Ich habe zugestimmt. Geht mit ihm weg.« Die beiden Kinder liefen zum Vater, um sich unter seine Achselhöhlen zu flüchten und Tränen rollten ihnen über ihre Wangen. Sie sagten: »Wir haben oft Brāhmanen gesehen, aber niemals haben wir einen solchen gesehen. Er ist kein Brāhmane, er ist ein Dämon. Unsere Mutter ist gerade fort, um Früchte und Beeren zu sammeln. Währenddessen nimmt uns unser eigener Vater, um uns einem Dämon zur Speise zu geben. Der Tod ist uns gewiß. Wenn unsere Mutter zurückkommt, und nach uns ruft, ohne uns zu finden, wird sie wie eine Kuh sein, die ihre Kälbchen sucht.

Sie wird weinen, klagen und sich ganz dem Kummer ergeben.« Der Erbprinz sagte: »Ich habe ein Versprechen gemacht. Wie könnte ich es zurücknehmen? Dieser Brāhmane ist kein Dämon und er wird euch nicht verschlingen. Also geht mit ihm fort.«

Der Brāhmane sagte: »Ich wünsche schnell wegzugehen. Denn ich fürchte, wenn ihre Mutter zurückkehrt, daß ich nicht mehr weggehen kann. Ihr habt mir Eure hervorragenden Gefühle der Mildtätigkeit bewiesen, aber wenn die Mutter der Kinder zurückkehrt, wird sie Euch Eure guten Absichten ausreden.« »Seit meiner Geburt«, antwortete der Prinz, »habe ich Mildtätigkeit geübt und es hat mich nie gereut.«

Der Prinz nahm Wasser und wusch die Hände des Brāhmanen. Dann zog er die beiden Kinder zu ihm hin und gab sie ihm. Die Erde erbebte. Die beiden Kinder wollten dem Brāhmanen nicht folgen. Sie liefen zu ihrem Vater zurück, warfen sich auf die Knie und sagten zu ihm: »Welche Vergehen haben wir in unseren früheren Existenzen begangen, daß wir jetzt solchen Leiden ausgeliefert werden und daß wir, wiewohl von königlicher Abstammung, nun die Sklaven eines Menschen werden sollen? Vor unserem Vater bereuen wir unsere Fehler. Bewirke, daß unsere Gefangenschaft aufgehoben werde und uns wieder das Glück leuchte, und möge uns von Generation zu Generation nicht ein gleiches Unglück widerfahren.« Der Erbprinz antwortete seinen Kindern: »Alle Liebesbeziehungen auf dieser Erde müssen eines Tages unterbrochen werden. Alle Dinge sind unbeständig. Wie könnte man sie erhalten? Wenn ich die höchste

Weisheit erlangt haben werde, die für alle GLEICHE, dann werde ich euch retten.« Die beiden Kinder sagten zu ihm: »Bitte sagt unserer Mutter Lebewohl von uns, denn nun trennen wir uns für immer. Wir bedauern, daß wir nicht selbst von ihr Abschied nehmen können. Es sind ohne Zweifel die Fehler, die wir in früheren Existenzen begangen haben, die uns in dieses Unglück brachten. Wir denken an unsere Mutter, die, wenn sie uns verloren sieht, in Leid stürzen und um unsere Mühsal und Schmerzen bekümmert sein wird.« Der Brāhmane sagte: »Ich bin alt und schwach. Diese beiden Kinder wollen nicht bei mir bleiben und wollen zu ihrer Mutter zurückkehren. Wie soll ich sie also mitnehmen können? Ihr müßt sie an mich binden.«

Der Erbprinz band also seinen beiden die Hände auf dem Rücken zusammen, um dem Brāhmanen zu ermöglichen, sie mit sich zu nehmen. Dann band der Brāhmane die Kinder zusammen und ergriff das Ende der Schnur, die die beiden fesselte. Als die beiden Kinder immer noch nicht folgen wollten, zog er sie mit, bis ihnen das Blut hervorsprang und zu Boden floß. Dem Prinzen trieb dieses Schauspiel die Tränen in die Augen. Die Erde wurde erschüttert. Der Erbprinz und alle Tiere folgten den beiden Kindern noch ein Stück weit. Dann, als sie sie nicht mehr sehen konnten, kehrten sie zurück. Die Tiere, die dem Erbprinzen folgten, kehrten an den Platz zurück, wo die Kinder sonst gespielt hatten. Sie wanden sich dort vor Schmerz, stießen Schreie aus und warfen sich zu Boden.

Währenddessen war der Brāhmane weitergegangen und führte die beiden Kinder mit sich fort. Da rollte der Bub unterwegs die Schnur um einen Baum und weigerte sich, weiter mitzugehen, in der Hoffnung, daß die Mutter ihn finden würde. Der Brāhmane schlug die beiden Kinder mit einem Stock, bis sie zu ihm sagten: »Schlagt uns nicht mehr, wir gehen freiwillig mit.« Die Augen zum Himmel richtend schrieen sie: »O Gottheiten der Berge, o Gottheiten der Bäume, habt Mitleid mit uns; jetzt müssen wir in die Ferne ziehen, um Sklaven dieses Menschen zu werden und doch konnten wir unserer Mutter nicht einmal Lebewohl sagen. Sagt ihr, daß sie die Beeren läßt und sofort sich auf den Weg macht, um uns zu suchen.« In diesem Augenblick fühlte ihre Mutter fern in den Bergen einen Schmerz im linken Bein, außerdem blinkte ihr rechtes Auge und aus ihren beiden Brüsten strömte Milch. Sie überlegte: »Noch nie habe ich solch seltsame Empfindungen gehabt. Was soll ich mich noch weiter mit diesen Früchten beschäftigen? Ich muß zurückkehren, um zu sehen, ob meinen Kindern ein Unglück geschehen ist.« Sie ließ also die Beeren stehen und ging zurück.

In diesem Augenblick verwandelte sich Śakra, der König der Gottheiten vom Trayastrimsas-Himmel, in einen Löwen, wußte er doch, daß der Erbprinz seine Kinder an einen anderen Menschen weggegeben hatte, und fürchtete er doch, daß dessen Frau kommen und die Gefühle der Mildtätigkeit in ihm zerstören würde; und so legte er sich quer über den Weg. Die Frau sprach zu dem Löwen: »Ihr seid der König der Tiere. Auch ich bin die Tochter des Königs und lebe wie Ihr in den Bergen. Ich wünsche, daß Ihr ein wenig zur Seite geht, damit ich vorbeigehen kann. Ich habe zwei Kinder, die noch sehr klein sind. Sie haben seit diesem Morgen nichts zu essen und können sich auf niemand als auf mich stützen.« Der Löwe, der wußte, daß der Brāhmane nun weit genug entfernt war, erhob sich und gab den Weg frei, so daß die Prinzessin vorbeigehen konnte.

Bei ihrer Rückkehr sah die Prinzessin, daß der Erbprinz ganz allein in der Versenkung dasaß und sie konnte ihre beiden Kinder nirgendwo entdecken. Sie ging sogar in dessen Blätterhütte, um sie dort zu suchen und fand sie nicht. Dann ging sie in die Hütten der Kinder und traf sie auch dort nicht an. Dann lief sie zum Flußufer, wo die Kinder oftmals sich belustigten, aber auch dort konnte sie sie nicht finden. Sie sah nur die Tiere, den Hirschen, den Löwen, den Affen, mit denen sie gewöhnlich spielten. Madrī trat ans Wasser und war bestürzt und schrie auf. Das Wasser des Teiches, wo sonst die Kinder spielten, war ausgetrocknet, der Teich war leer. Madrī kehrte zu dem Platz zurück, wo der Prinz saß und fragte ihn, wo die beiden Kinder seien. Der Erbprinz antwortete nicht. Madrī sagte noch einmal: »Wenn mich meine Kinder sonst von weitem kommen sahen, mit Früchten beladen, sprangen sie auf den Boden und liefen mir entgegen. Sie riefen mir zu und schrieen: »Die Mutter ist zurückgekehrt.« Wenn ich dann dasaß, waren sie an meiner Seite. Und wenn sie ein bißchen Staub an mir bemerkten, wischten sie ihn weg. Jetzt aber sehe ich meine Kinder nicht und sie kommen nicht zu mir. Wer hat sie mitgenommen? Da ich sie nirgends sehe, bricht mir das Herz. Sagt mir sofort, wo sie sind und haltet mich nicht zum Narren!« Sie wiederholte diese Sätze dreimal, der Prinz aber gab keine Antwort. Madrī fühlte doppelten Schmerz und betonte bitter: »Ich kann es nicht ertragen, meine Kinder nicht zu sehen. Aber Euer Schweigen verdoppelt noch meine Verstörtheit.« Der Erbprinz antwortete also: »Ein Brāhmane aus dem Königreich Kuru ist hierhergekommen. Er hat mich um die beiden Kinder gebeten und ich habe sie ihm gegeben.« Als die Prinzessin diese Worte hörte, wurde sie von ihren Gefühlen so überwältigt, daß sie zu Boden fiel wie ein Berg, der zusammenstürzt. Sie wand sich vor Schmerz und klagte ohne aufzuhören. Der Erbprinz sagte zu ihr: »Beruhigt Euch für einen Augenblick! Erinnert Ihr Euch der alten Vorgänge, die zur Zeit des Buddha Dīpamkara geschahen? Ich war damals ein Brāhmaćarin und trug den Namen Pei-to-wei. Ihr wart die Tochter eines Brāhmanen und hattet den Namen Hsiu-lo-t'o. Ihr hattet sieben Lotosblumen in der Hand und ich hatte in der Hand 500 Silberstücke. Ich habe fünf Blumen von Euch gekauft, weil ich sie dem Buddha verehren wollte. Ihr habt mir die beiden anderen auch anvertraut, um sie dem Buddha als Opfergabe darzubringen, und Ihr habt dabei dieses Gelöbnis gemacht: ›Ich möchte im zukünftigen Leben immer Eure Gemahlin sein, ob schön oder häßlich, und niemals von Euch getrennt werden.‹ Ich habe damals vor Euch diese feierliche Erklärung abgegeben: ›Wenn Ihr wünscht, meine Frau zu sein, werdet Ihr Euch nach meinem Willen richten müssen. Ich werde alle Arten von Mildtätigkeit ausüben und ich werde mich keinem Wunsch versagen, der mir vorgebracht wird, außer daß ich meinen eigenen Vater und meine Mutter weggeben würde. Bei allen anderen Geschenken aber, die ich geben werde, müßt Ihr Euch meinem Willen fügen.‹ Ihr habt mir geantwortet, daß Ihr dem zustimmt. Nun habe ich meine Kinder zur Gabe gemacht. Da bringt Ihr Unruhe in meine großen Gefühle.« Als die Prinzessin diese Worte vom Erbprinzen hörte, fühlte sie ihr Herz wieder schlagen und ihr Geist öffnete sich. Sie erinnerte sich, daß sie in einem früheren Leben versprochen hatte, allen Arten von Mildtätigkeit zuzustimmen, die der Prinz würde verwirklichen wollen und sich sofort seinen Wünschen zu fügen.

Als aber Śakra, der König der Devas, sah, wie groß die Barmherzigkeit des Erbprinzen war, stieg er herab, um sie noch einmal auf die Probe zu stellen, mit einem Wunsch, den er ihm zu guter Letzt noch vorbringen wollte. Er verwandelte sich in einen Brāhmanen und auch er hatte alle zwölf Merkmale der Häßlichkeit. Als er zu dem Erbprinzen kam, sprach er so zu ihm: »Ich habe beständig von Euch, o Prinz, reden gehört, daß Ihr Euch freut, Barmherzigkeit zu üben und daß Ihr, was immer auch die Bitte sei, die Euch vorgetragen wird, diese niemals abschlagt. Das ist der Grund, warum ich hierhergekommen bin, um Euch zu bitten, mir Eure Frau zu geben.« Der Erbprinz antwortete: »Ich stimme zu. Das ist sehr gut.

Sie gehört Euch.« Die Prinzessin sagte zu ihm: »Wenn Ihr mich jetzt diesem Menschen gebt, wer kümmert sich dann um Euren Unterhalt?« Der Prinz antwortete: »Wenn ich Euch jetzt nicht auch zur Gabe machte, auf welche Weise könnte ich dann erlangen, in mir die höchste Vollkommenheit (pāramitā) zu verwirklichen?«

Der Erbprinz wusch also mit Wasser die Hände des Brāhmanen, dann führte er ihm seine Frau zu und gab sie ihm. Śakra bemerkte, daß der Erbprinz in diesem Augenblick kein Gefühl von Unwillen hatte. Alle Gottheiten (Devas) lobten seine hochherzige Haltung.

Himmel und Erde wurden erschüttert. Dann nahm der Brāhmane die Prinzessin, um sie wegzuführen. Aber nachdem sie sieben Schritte getan hatten, kehrte er mit der Prinzessin zurück und wollte sie dem Erbprinzen zurückgeben, auf daß er sie niemandem mehr übergebe. Aber der Prinz sagte zu ihm: »Warum nehmt Ihr sie nicht? Hat sie irgendwelche Fehler begangen? Unter allen Frauen ist sie die Beste. Sie ist die Tochter eines Königs, der jetzt noch über sein Königreich regiert und sie ist die einzige Tochter des Königs. Meinetwegen ist diese Frau ins kochende Wasser und Feuer der Askese geworfen worden. Sie hat nur Quellwasser getrunken und rohe und armselige Nahrung gegessen und nichts davon verschmäht. In allem, was sie tut, ist sie sorgfältig und fleißig, und schön ist ihr Gesicht. Führt sie nun mit Euch, und mein Herz ist zufrieden.«

Der Brāhmane sagte zum Erbprinzen: »Ich bin in

Wirklichkeit kein Brāhmane. Ich bin Śakra, König der Devas. Ich bin gekommen, um Euch zu prüfen. Was soll ich Euch nun gewähren?« Er nahm die Gestalt Śakras an und erschien in wunderbarer Schönheit. Die Prinzessin bezeugte ihm Ehre und drückte ihm drei Wünsche aus: »Als erstes«, sagte sie, »bewirkt, daß der Brāhmane unsere Kinder aus der Ferne zurückführt, um sie in der heimatlichen Gegend zu verkaufen. Als zweites bewirkt, daß unsere Kinder weder Hunger noch Durst leiden. Als drittes bewirkt, daß der Erbprinz und ich sofort in unser Land zurückkehren können.« Śakra, der König der Devas, antwortete: »Es soll geschehen, wie Ihr es wünscht.«

Der Erbprinz aber sagte, wie es seiner Haltung entsprach: »Ich wünsche, daß alle lebenden Wesen Rettung erlangen und nicht mehr die Leiden der Geburt, des Alters, der Krankheit und des Todes ertragen müssen.« Śakra, der König der Devas, sagte zu ihm: »Sehr groß ist Euer Wunsch. Er ist sehr erhaben und es gibt nichts darüber hinaus. Wenn Ihr wünschtet, im Himmel wiedergeboren zu werden, und ein König zwischen Sonne und Mond zu werden, oder wenn Ihr in der Welt der höchste Herrscher werden und ein sehr langes Leben haben wolltet, das wären Dinge, die ich Euch gewähren könnte. Aber die höchste Majestät in den drei Welten habe ich nicht zu vergeben.« Der Erbprinz antwortete: »So wünsche ich also vorläufig, große Reichtümer zu besitzen. Ich freue mich darauf, sie Tag für Tag als beachtliche Gaben verteilen zu können wie ehedem. Ich wünsche ferner, es möge doch geschehen, daß der König, mein Vater, und alle Minister, die an seiner Seite stehen, den Wunsch haben, mich wiederzusehen.« Śakra, der König der Devas, sagte zu ihm: »Es wird gewiß alles so sein, wie Ihr es wollt.« Im nächsten Augenblick war er verschwunden.

Währenddessen war der Brāhmane des Königreiches Kuru mit den Kindern bei sich zu Hause angelangt. Gleich bei seinem Anblick beschimpfte ihn seine Frau: »Wie wagt Ihr zurückzukehren und diese Kinder mitzubringen? Sie sind königlicher Abstammung. Ihr jedoch, jeden Mitleids bar, habt sie geschlagen, daß sie voller Wunden sind und ihr ganzer Körper mit Blut und Eiter bedeckt ist. Geht sofort und bietet sie zum Verkauf an und sucht mir andere Diener. Also ging der Brāhmane mit ihnen auf den Markt. Śakra, der König der Devas, ging dort herum und sagte: »Diese Kinder sollen zu einem hohen Preis verkauft werden. Niemand wird sie kaufen können.« Da die Kinder Hunger und Durst hatten, bewirkte er durch eine spontane Ausdünstung, daß die Kinder ganz und gar gesättigt wurden. Der König der Devas stimmte den Brāhmanen schließlich in seinem Vorhaben um, so daß er sich in das Königreich Cibi begab. Dort erkannten die Minister und die Leute aus dem Volk, daß sie es mit den Kindern des Erbprinzen zu tun hatten, den Enkelkindern des großen Königs. Groß und klein, alle Einwohner, waren von Mitleid ergriffen und die Minister fragten den Brāhmanen, wie er an die Kinder gekommen sei. Der Brāhmane sagte: »Ich habe sie erhalten, nachdem ich um sie gebeten hatte. Wozu fragt Ihr mich?« Die Minister antworteten: »Da Ihr in unser Königreich gekommen seid, ist es da nicht unsere Pflicht, Euch zu fragen?« Die Hauptminister und die Leute aus dem Volk, sie alle waren geneigt, dem Brāhmanen die Kinder einfach wegzunehmen. Aber unter ihnen befand sich ein ehrenvoller Mann, der sie zurückhielt und ihnen sagte: »Wir haben hier ein Beispiel für die grenzenlose Mildtätigkeit, zu welcher der Erbprinz in seiner Barmherzigkeit fähig ist. Wenn wir dem Brāhmanen jetzt die Kinder wegnehmen, stehen wir dann nicht den wirklichen Absichten des Erbprinzen im Wege? Am besten ist es, dem König Bericht zu erstatten. Wenn dem König dieses gemeldet wird, dann wird er gewiß seine Kinder zurückholen.« Also hielt man sich zurück und die Minister gingen, um dem König zu melden: »O großer König, Eure beiden Enkelkinder sind nun durch einen Brāhmanen zum Verkauf angeboten worden.« Über diese Nachricht war der König sehr erstaunt. Er rief den Brāhmanen herbei, der mit den beiden Kindern zum Palast ging. Als der König, seine Gemahlin, die Minister, die an seiner Seite waren, und alle Frauen seines Harems die beiden Kinder von fern erblickten, begannen sie zu schluchzen. Der König fragte den Brāhmanen, wie er in den Besitz der beiden Kinder gekommen sei, und der antwortete: »Ich habe sie erhalten, weil ich den Erbprinzen um sie gebeten habe.« Der König rief die beiden Kinder zu sich und wollte sie in die Arme nehmen, aber die Kinder weinten und wollten nicht in seine Arme kommen. Der König fragte den Brāhmanen, zu welchem Preis er die Kinder verkaufen wolle. Bevor der Brāhmane antworten konnte, sagte der Knabe: »Der Bub ist tausend Stück Silber und hundert Kühe wert. Das Mädchen ist zweitausend Stück Gold und zweihundert Kühe wert.« »Die Buben«, sagte darauf der König, »werden von den Menschen mehr geschätzt. Warum wird also der Knabe zu einem guten Preis, das Mädchen aber teurer verkauft?« Der Knabe antwortete: »Die Frauen Eures Harems haben keine Kinder von Euch, o König. Die einen sind von niederer Abstammung, andere sind einfache Sklavinnen. Diese, die Eure Gunst gewonnen haben, werden an Würde erhoben. Sie sind über und über mit Edelsteinen geschmückt und essen auserlesene Speisen und trinken vorzügliche Getränke. O König, Ihr habt nur einen Sohn und diesen habt Ihr tief hinein in die Berge vertrieben, während Ihr Euch jeden Tag mit den Frauen Eures Harems vergnügt und nie an Euren Sohn denkt. Dadurch sieht man klar, daß die Söhne weniger wert sind und die Töchter einen großen Wert haben.« Als der König diese Worte hörte, war er verstört und bekümmert. Tränen liefen über seine Wangen und er sagte: »Ich bin Euch gegenüber schuldig geworden. Weshalb aber kommt Ihr nicht in meine Arme? Ist es, weil Ihr mich haßt oder weil Ihr den Brāhmanen fürchtet?» Der Knabe antwortete: »Wir erlauben es uns nicht im geringsten, Euch zu verachten, o König, und fürchten auch den Brāhmanen nicht. Früher einmal waren wir die Enkelkinder des großen Königs, jetzt aber sind wir Sklaven dieses Mannes. Wie könnten die Sklaven eines

Menschen in des Königs Arme kommen? Das ist der Grund, warum wir das nicht zu tun wagen.«

Als der König die Worte des jungen Knaben hörte, verdoppelte sich sein Kummer. Dann zahlte er dem Brāhmanen den verabredeten Preis und rief die Kinder von neuem in seine Arme, die nun auch seinem Ruf folgten. Als der König seine beiden Enkelkinder umarmt hielt, streichelte er sie. Er fragte sie: »Was ißt und trinkt Euer Vater in den Bergen? Womit bekleidet er sich?« Die beiden Kinder antworteten ihm: »Er ißt Früchte, Körner, Gemüse und Wurzeln. Er bekleidet sich mit einem groben Stoff, der ihm als Gewand dient. Hundert Arten von Vögeln unterhalten ihn und sein Herz ist frei von jedem Zorn.«

Als der König den Brāhmanen fortschickte, sagten die Kinder zu ihm: »Dieser Brāhmane leidet Hunger und Durst. Wir wünschen, daß Ihr ihm eine Mahlzeit gebt.« Der König fragte sie: »Habt Ihr keinen Zorn auf ihn? Warum kümmert Ihr Euch darum, daß er zu essen hat?« Die Kinder antworteten: »Unser Vater hat Freude an der Weisheit, aber er besaß nichts mehr, womit er anderen hätte Barmherzigkeit erweisen können. Dieser Brāhmane hat ihn gebeten, uns ihm zu geben. So wurde er unser Herr. Wir aber konnten ihm noch in keiner Weise so dienen, daß wir die weisen Absichten unseres Vaters hätten erfüllen können. Wie könnten wir ihn jetzt vor Hunger und Durst leiden sehen, ohne freundschaftliche Gefühle für ihn zu empfinden? Da unser Vater uns, seine Kinder, diesem Brāhmanen gegeben hat, wie, o großer König, könnten wir ihm da eine Mahlzeit verweigern?« Der König bot also dem Brāhmanen zu essen an, der sich, nachdem er sich gesättigt hatte, freudig auf den Rückweg machte.

Der König sandte nun einen Boten aus, um in aller Eile den Erbprinzen zu suchen und ihn kommen zu lassen. Ganz wie der König befohlen hatte, eilte sich der Bote, den Erbprinzen zu suchen. Er wurde von jenem Fluß aufgehalten, den er nicht durchschreiten konnte, aber sobald er an den Erbprinzen dachte, konnte er ihn durchqueren. Beim Erbprinzen angekommen, teilte er ihm den Befehl des Königs mit; er sagte ihm, daß er sofort in das Königreich zurückkehren solle und daß der König äußerst lebhaft wünsche, ihn zu sehen. Der Erbprinz antwortete: »Der König hat mich für zwölf Jahre verbannt in die Berge und es ist immer noch ein Jahr bis dahin. Wenn dieses Jahr vollendet ist, werde ich zum König zurückkehren. Und er teilte dem Boten mit, was sich in all den Jahren der Verbannung ereignet hatte.

Der König schrieb nunmehr mit eigener Hand einen Brief, der dem Erbprinzen überbracht werden sollte. Er schloß so: »Ihr seid ein weiser Mann. Für das, was vergangen ist, müßt Ihr nachsichtig sein, bei dem, was zukünftig ist, müßt Ihr nachsichtig sein. Warum seid Ihr erzürnt und kommt nicht zurück? Ich werde solange mit Essen und Trinken warten, bis Ihr hier seid.«

Der Bote machte sich von neuem als Überbringer des Briefes auf den Weg zum Erbprinzen. Als dieser den Brief erhielt, fing er an, sich vor diesem niederzuwerfen, das Gesicht zur Erde. Nachdem er den Brief auf solche Weise verehrt hatte, erhob er sich und schritt siebenmal um ihn herum. Dann öffnete er ihn und las ihn.

Als sie hörten, daß der Erbprinz zurückkehren sollte, seufzten alle Tiere des Waldes und wanden sich vor Kummer. Sie schlugen wild um sich und stießen jammervolle Schreie aus. Die Quellen trockneten aus, die Brüste der Tiere verloren ihre Milch. Die Vögel aller Arten schrieen erbärmlich. Denn sie sollten ihren Erbprinzen verlieren.

Der Erbprinz legte also Kleider an und kehrte mit der Prinzessin zurück. Als der feindliche Herrscher des rivalisierenden Königreiches erfuhr, daß der Erbprinz zurückkehre, beauftragte er Gesandte, dem weißen Elephanten ein goldenes und silbernes Geschirr umzulegen, eine silberne Vase voll von Goldkörnern mitzunehmen, und dem Prinzen auf der Straße entgegenzuziehen, um ihm alles zu geben. Auf diese Weise wollte er sein Bedauern ob der Fehler ausdrücken, die er begangen hatte: »Wenn ich damals von Euch den weißen Elephanten verlangt habe, so deshalb, weil ich töricht und taktlos war. Meinetwegen seid Ihr in die Ferne verbannt worden. Nun erfahre ich, daß Ihr zurückkehrt und empfinde große Freude darüber. Ich gebe Euch den weißen Elephanten zurück und schenke Euch die Silbervase mit den Goldkörnern. Ich hoffe, daß Ihr Euch herablaßt, sie anzunehmen, auf daß mein Vergehen vergeben sei.« Der Erbprinz antwortete: »Angenommen, da wäre ein Mann, der Speisen aller Art geschmackvoll bereitet hat, um sie jemandem anzubieten. Wenn dieser nun, nachdem er gegessen hat, alles wieder erbricht und auf die Erde speit, wie sollten dann solche Speisen noch duftend und rein sein? Könnte man sie ein zweites Mal essen? Eine Mildtätigkeit, die ich nun einmal erwiesen habe, würde ja dem vergleichbar sein, was wieder ausgespuckt wird, wenn ich Dinge, die ich aus Mildtätigkeit gegeben habe, wieder zurücknehme. Besteigt schleunigst wieder den Elephanten und kehrt zurück, wobei Ihr meine Empfehlungen an Euren König ausdrücken mögt. Denn Ihr seid gewiß müde geworden, Ihr Abgesandten, da Ihr von weither gekommen seid, um meine Antwort zu hören.«

Also bestiegen die Abgesandten den Elephanten und kehrten zurück, um dem König zu melden, was sich zugetragen hatte. Wegen dieses Elephanten verwandelte sich der feindliche Herrscher des rivalisierenden Landes in einen freundlichen und guten Menschen. Er selbst als auch sein Volk wetteiferten in der Betrachtung der höchsten Vollkommenheiten, die für alle *gleich* sind.

Der König, der Vater des Erbprinzen, bestieg einen Elephanten, um den Zurückkehrenden entgegenzuziehen und seinen Sohn zu empfangen. Der Erbprinz kam und bezeugte ihm Ehrerbietung, mit der Stirn den Boden berührend. Dann kehrte er im Gefolge des Königs zurück. Alle Leute aus dem Volk waren von Freude erfüllt. Sie streuten Blumen, verbrannten Weihrauchstäbchen, breiteten seidene Baldachine aus und ließen duftende Essenzen auf den Boden fließen, um den Erbprinzen zu empfangen. Dieser betrat den Palast und ging sofort zu seiner Mutter. Das

Gesicht zur Erde gewandt, erwies er ihr Ehrerbietung und fragte sie, wie es ihr gehe. Der König vertraute dem Erbprinzen alle seine Schatzhäuser an. Der Prinz spendete Gaben der Mildtätigkeit ganz nach seinem inneren Antrieb und war noch freigebiger als zuvor. Da seine Barmherzigkeit nicht nachließ, kam er so weit, daß er Buddha werden konnte.

Der Buddha sagte zu Ānanda: »Das ist die Art und Weise, wie ich Barmherzigkeit geübt habe in einer meiner früheren Existenzen. Der Erbprinz Vessantara bin ich selbst. Derjenige, der damals der König, sein Vater war, ist jetzt mein Vater, der König, Śuddhodana. Jene, die damals die Mutter des Erbprinzen war, ist jetzt Māyā. Jene, die damals die Prinzessin war, ist jetzt Gopā. Jener, der damals der Einsiedler Acyuta war, der in den Bergen lebte, ist Mahāmaudgalyāyana. Jener, der damals Śakra, der König der Devas war, ist Śāriputra. Jener, der damals der Jäger war, ist Ānanda. Jener, der damals der Knabe Jāli war, ist jetzt mein Sohn Rāhula. Jene, die damals die Tochter Krischnadschina war, ist jetzt die Mutter des Arhats Mo-li. Jener, der zu jener Zeit der Brāhmane war, der nach den Kindern fragte, ist Devadatta. Die Frau des Brāhmanen ist Cincamanavikā. Das sind die Leiden und Schmerzen, die ich während unzähliger Kalpas erduldet habe und daraus seht ihr auch, was ich während unzähliger Kalpas an Gutem getan habe. Bewahrt diese Geschichte für immer im Gedächtnis, um sie den Śramanas, Schülern, weiterzuerzählen.

Das ist die Weise, in der der Bodhisattva die Tugend der Barmherzigkeit und Mildtätigkeit übt.

DIE ENTSCHWUNDENE TRAUMVERWANDLUNGS-KANNON (BODHISATTVA DER BARMHERZIGKEIT)

Einstmals vor langer Zeit gab es in einem Bergdorf in der Provinz Mino in Japan einen schönen Buddha-Tempel aus dunklem Zypressenholz. Im Innern stand als Gegenstand der Verehrung eine Statue von Kannon, der weiblichen Gestalt des Bodhisattva der Barmherzigkeit, die ein Mönch aus der Werkstatt des berühmten Bildhauers Unkei in Kyōto einstmals mitgebracht hatte. Die Statue, fast von der halben Größe eines Menschen und aus feinem Kampferholz geschnitzt, war eine Nachbildung der Yumetagaë-Kannon, der Traumverwandlungs-Kannon, die in dem ältesten Holztempel in Japan, dem Hōryūji-Tempel in Nara steht.

Oft gingen die Leute aus dem Dorf zu dieser Statue und trugen Kannon ihre Anliegen vor. Und oft geschah es, daß den Menschen all ihre Sorgen sich in Zuversicht wandelten und die Leute sich voller Vertrauen wieder auf den Heimweg machen konnten. Die Kannon-Statue stand im Tempel vor ihren Augen mit einem stillen Lächeln um den Mund, auf der Stirne war ein Bildnis des Buddha Amida eingeprägt, der der Buddha des unermeßlichen Lebens und des Lichtes ist: die rechte Hand hielt Kannon zur Geste des Sich-nicht-Fürchtens erhoben, die linke hielt sie offen hin in der Geste der Annahme von Bitten und der Wunschgewährung.

Ja, Kannon, die die Rufe der Menschen hört, verwandelt die Sorgen der Menschen in Zuversicht und ihre bedrückenden Träume in befreiende.

In diesem Bergdorf in Mino lebten ein Mann mittleren Alters und seine Frau, die zusammen eine kleine Tochter, Shōko (Treues Kind), hatten. Sie besaßen ein kleines strohgedecktes Bauernhaus mit Garten und Hühnern und mehrere Reisfelder. Die Eltern waren fromme Buddhisten. Oft ging die Frau mit ihrer kleinen Tochter, die Gebetsperlenschnur in der Hand, in den Tempel und betete »Namu Kannon Bosatsu, ich nehme meine Zuflucht bei der gütigen Kannon, der Gottheit der Barmherzigkeit«. Auch die kleine Shōko nahm die Perlenschnur in die Hand und ließ sie durch ihre kleinen Hände gleiten. Kannon, die Barmherzige, lächelte gütig auf die beiden herab.

Die Eltern waren auch immer bereit, den Mönchen, wenn sie im Flickengewand und mit ihrer Bettelschale, wie es die Lehre Buddhas vorschrieb, vor das Haus kamen, Reis und etwas Gemüse in die hingehaltene Bettelschale zu legen. Die Mönche waren dafür dankbar.

Die Frau pflegte ihren Garten mit großem Fleiß, zog gelbe Rüben und große Rettiche, Salat und rote Sojabohnen. Für Festtage backte sie mit Hilfe der kleinen Tochter »motschi«, Reiskuchen; sonst kochte sie öfter Miso-Suppe und Reisklöße und legte saure Pflaumen, Umeboschi, ein. Sie pflegte die Blumen im Garten, Asagao, die blaue Morgentrichterwinde, Ayame, die hohe Iris, und gelbe und weiße Chrysanthemen. Öfter auch setzte sich die kleine Familie vor das Elfenbein-Bildnis der Kannon und betete den Sūtrentext aus dem Lotos-Sūtra:

»Wenn Lebewesen Not und Gefahr erleiden,
Und unermeßliche Leiden deren Körper bedrängen,
Kann Kannon durch die Kraft ihres wunderbaren Wissens diese Lebewesen
Von den Leiden der Welt retten.
Nach Kannons mitleidvollem Blick
Soll man sich immer sehnen, zu ihm beständig aufsehen!«

Der Vater arbeitete tagsüber auf dem Reisfeld oder er ging in die Berge, um Holz zu sammeln. Manchmal durfte ihn Shōko, die kleine Tochter, dorthin begleiten. Sie pflückte Blumen für die Mutter, hörte dem Gesang der Vögel zu und wartete darauf, einmal einen Fuchs zu sehen.

So ging das Jahr dahin, und es wurde später Herbst. Da kam aus dem Nachbardorf, in dem die Frau geboren worden war, die Nachricht, daß ihre Mutter, Shōkos Großmutter, die Obāsan, schwer krank sei. Sofort besprach sich die Frau mit ihrem Mann, füllte ihr Furoschiki, Reisetuch, mit Nahrung und Münzen und machte sich auf den Weg ins Heimatdorf. Einen halben Tag mußte sie durch die Berge gehen. Sie pflegte ihre Mutter, die Babasama, und es wurde wieder besser mit ihr. Da dachte sie wieder an die Lieben zu Hause und nahm Abschied von ihr.

Als die junge Frau auf dem Weg durch die Berge war, in denen schon Schnee lag, wurde sie von einem Schneesturm überrascht. Der Schnee fegte ihr ins Gesicht, sie kam nur mühsam vorwärts und konnte kaum ein paar Schritte weit sehen. Keuchend kämpfte sie sich voran, der Schnee und die Nässe drangen durch ihren Strohumhang. Sie meinte, Yuki-no-onna, die grausame Schneefrau, sei ihr begegnet und wolle sie hindern, nach Hause zurückzukehren. Mit schneidendem Gesicht fuhr die Schneefrau immer wieder daher und hüllte Bäume und die einsame Frau in weiße Wehen. Berg und Tal waren in undurchdringliches Dunkel gehüllt. Bald lag der Schnee so hoch, daß die Frau kaum noch durchstapfen konnte. »Ach, soll ich hier, mitten in den Bergen, umkommen?« dachte die Frau verzweifelt. »In dieser Finsternis des Schneesturms weiß ich nicht mehr ein noch aus. Ach, wenn meine Lieben zu Hause wüßten, wie es mit mir steht. Mein Mann würde mit Dorfleuten kommen.«

Als sie so dachte, fuhr von einem Kiefernast eine Schneewehe herunter, an ihrem Gesicht vorbei, die Eiszapfen klirrten wie hämisches Grinsen von der grausamen »Yuki-no-onna«, der grimmigen Schneefrau, die sich freute, nach langer Zeit nun endlich wieder einmal einen Menschen aus Fleisch und Blut und mit einem warmen Herzen in der Schneehölle einkreisen und vertilgen zu können.

»Namu Kannon Bosatsu, namu Kannon Bosatsu«

rief Shōkos Mutter in höchster Not, »ich nehme meine Zuflucht zu dir, allerbarmende Kannon, laß mich nicht zugrunde gehen. Hilf, rette mich und laß mich meinen Mann und mein Kind wiedersehen!« Immer wieder flehte sie so und tappte blind mit ihrem Bündel voran. Noch immer tobte der Schneesturm. Berg und Tal lagen in Finsternis.

Plötzlich hörte die Frau etwas im Unterholz knarren. Da trat von der Seite ein altes hutzeliges Weiblein an sie heran. Die Frau erschrak und konnte sich nicht vorstellen, woher die Alte käme. Doch das Weiblein, das fest in Strohmantel und Tücher gepackt war und eine Holzkiepe auf dem Rücken trug, ging ganz nahe an die Frau heran, und da spürte diese, welche Wärme von ihr ausging, als ob der klirrende Frost zurückweichen würde. Da sagte das Weiblein: »Ich glaube, Ihr habt Euch auf dem Weg verirrt. Ich habe Euch rufen gehört. Geht mir nach. Ich werde Euch sicher auf den Weg ins Dorf bringen. Ich bin oft in dieser Gegend und sammle Holz.«

Von dem Weiblein ging eine solche Wärme aus, daß es der jungen Frau wieder besser zumute wurde und sich ihre von Kälte und Furcht hervorgerufene Erstarrung löste. Die Alte schlurfte mit ihren Strohstiefeln langsam, aber stetig voran. Überall, wo sie ging, schmolz der Schnee weg, und es gab kleine Lotos-Abdrücke im Boden. Shōkos Mutter ging ihr verwundert nach. Einmal drehte sich das alte Weiblein um, um zu sehen, ob die junge Frau auch ihren Spuren folgen könne. Da bemerkte sie, daß auf der Stirn der Alten eine kleine Figur des Buddha Amida leuchtete, der der Buddha des unermeßlichen Lebens und Lichtes ist. Wer war wohl die Alte? Schweigend stapften sie miteinander durch den Schnee dahin.

Gerade als der wütende Schneesturm begonnen hatte, waren die Buddha-Mönche im Zypressenholz-Tempel zur Sūtrenlesung versammelt. Mit monotoner Stimme rezitierten sie aus dem Lotos-Sūtra:

»Von fleckenlosem, reinem, lauterem Licht,
Zerreißt Kannon, die Sonne der Weisheit,
die vielfachen Finsternisse,
Unwetter, Sturm und Feuersbrunst kann sie besiegen,
Und über alles erleuchtet der Bodhisattva hell die Welt.«

Da begann plötzlich die Gestalt des Buddha Amida auf der Stirn der Yumegataë-Kannon zu leuchten. Es schien, als ob sich die Statue auf dem Lotos-Sockel bewege, ihr Lächeln strahlend wurde und die Hände in der Geste (Mudrā) »Keine Furcht haben« und der »Gewährung der Bitte« sich rührten, ja, als ob die ganze Statue lebendig würde.

Auf einmal flog durch einen heftigen Windstoß von draußen das Tor des Tempels weit auf, und die Statue der barmherzigen Kannon schwebte, von Apsaras, den himmlischen Genien, getragen und von Weihrauchwolken umgeben zum Tor hinaus.

Die Mönche stürzten wie toll nach und reckten die Hände in die Höhe. Doch als sie im Freien waren, sahen sie im schneeigen Winterhimmel nur noch ein schwaches Leuchten und hörten feine Musik. Dann war die Erscheinung verschwunden. Für einen Augenblick senkte sich Winterstille über den Tempel. Dann tobte der Schneesturm von neuem, noch ärger fast als zuvor. Die Buddha-Mönche waren ganz bestürzt. Ihre althergebrachte und hochverehrte Statue der Yumegataë-Kannon war von Geistern aus dem Tempel entführt worden und im Schneehimmel verschwunden. Oder hatte Buddha Amida, der Buddha des unendlichen Lebens und Lichtes, sie geholt und in sein Paradies geführt? Es war nun Nachmittag. Inbrünstig beteten die Mönche das Kannon-Kapitel zu Ende und flehten den Buddha Amida an, daß er ihre Kannon wieder zurückkehren lasse, und sie verbrannten viel Weihrauch. Die Kannon-Statue, die dank Buddha Amidas Segenshand lebendig geworden war, wurde von den Apsaras, den himmlischen Genien, weit hinaus getragen, dann ließ sich Kannon nahe der Stelle im Bergwald, wo sich die Frau aus dem Dorf verirrt hatte, niedersetzen und verwandelte sich in ein altes Holzsammler-Weiblein. Kannon hatte im Tempel die Hilferufe der jungen Frau und Mutter gehört, die so oft vor ihr mit ihrer kleinen Tochter gebetet und Weihrauch dargebracht hatte. Sie bat Buddha Amida, helfen zu dürfen. Und dieser gewährte es und schickte Apsaras aus dem Reinen Land des Paradieses.

Unbeirrt gingen das alte Weiblein und die junge Frau durch den Schnee dahin. Noch einmal zischten und fauchten Schneewehen grimmig um sie, als ob die bittere Schneefrau »Yuki-no-onna« sie nicht ihren Fängen entgehen lassen wollte. Doch die Kraft des Schneesturms war nun gebrochen, und die Frauen konnten schließlich ruhig, bei stillem Winterhimmel, ihren Weg ins Dorf fortsetzen.

Als sie im Dorf angelangt waren, reckte sich die Alte und schien immer größer zu werden. Buddha Amida leuchtete hell auf ihrer Stirne und die ganze Gestalt war von Wärme und Licht umflossen. Shōkos Mutter legte verehrungsvoll die Hände zusammen und sagte: »Tausendmal danke ich Euch, gute Alte, daß Ihr mich aus dem Schneesturm herausgeführt habt. Ohne Euch wäre ich wohl auf dem Wege geblieben und elend umgekommen. So sehr habe ich Kannon, die barmherzige Gottheit unseres Dorftempels, angefleht, und nun hat sie mir Euch als Retterin geschickt. Gleich morgen will ich mit meiner Familie zum Tempel gehen und Kannon für ihre Wohltat danken und Weihrauch brennen.« So gingen sie miteinander ins Dorf und das alte Weiblein begleitete die Frau zu ihrem Haus. Wie groß war da die Wiedersehensfreude! Shōkos Vater und die kleine Shōko (Treues Kind) waren glücklich, daß die Mutter wieder zu Hause war und den schrecklichen Schneesturm auf dem Weg heil überstanden hatte. Sie wollten auch das alte Weiblein in ihr Haus einladen. Doch dieses lehnte ab und sagte, sie müsse wieder in ihr Reich zurück. »Da Ihr immer zur Verehrung für mich gekommen seid, und zu den Mönchen mildtätig wart, bin ich selbst, Kannon, zu Euch gekommen, um Euch in der Not zu helfen. Nehmt weiter Eure Zuflucht bei mir«, so sprach die Alte und verwandelte sich vor den Augen der kleinen Familie in die Kannon des Tempels zurück. Ein leises Lächeln spielte um ihren Mund, Buddha Amida, der Buddha unermeßlichen Lebens und Lichtes, leuchtete auf ihrer Stirn, und unter ihren Füßen erblühten Lotosblumen. Himmlische Genien, Apsaras, näherten sich, hoben Kannon empor und trugen sie unter zarter Musik in Richtung zum Zypressen-Tempel. Vater, Mutter und Shōko sahen ihr ehrfurchtsvoll nach, bis sie ihren Augen entschwunden war.

DER GROSSE ELEFANT

Einstmals vor langer Zeit war der Bodhisattva ein großer Elefant. Er lebte als Eremit in einer Oase von Bäumen, Blüten und Früchten. In dieser Oase lag auch ein See von reichlichem und tiefem blauem Wasser. Diese Oase lag weit entfernt von den Wohnstätten der Menschen und war auf allen Seiten von einer weiten Wüste umgeben, in der es keinen Baum, keinen Strauch und kein Wasser gab.

Der Bodhisattva-Elefant lebte hier zufrieden und ruhig und nährte sich von den Blättern der Bäume, den Lotos-Stielen und dem Wasser und sah den Tag und die Nacht über die Wüste kommen.

Eines Tages, als der Bodhisattva-Elefant am Waldesrand dahinwanderte, hörte er aus der Wildnis der Wüste Geschrei von Menschen. Der Elefant fragte sich, was der Lärm bedeuten könne. Es war nicht wahrscheinlich, daß er von einer Jagdgesellschaft kam, die eine so große Wildnis durchkreuzt hätte; es mußten Menschen sein, die sich verirrt hatten oder die von einem König in die Verbannung geschickt worden waren. »Der Lärm, den ich höre, besteht nicht aus Tönen der Freude und Munterkeit, sondern es sind verzweifelte Stimmen von Menschen, die unter großem Kummer leiden«, sagte sich der Elefant. »Auf alle Fälle will ich herausfinden, was es ist«, entschloß er sich und so eilte er über brennenden Wüstensand in die Richtung der Stimmen. Je näher er den Stimmen kam, desto klarer waren die Laute der Verzweiflung, und das Herz des Elefanten war von Erbarmen angefüllt. Er sah eine Gruppe von Menschen in der Wüste, an die 700 Leute, die von Hunger, Durst und Müdigkeit gepeinigt waren und ihre Augen auf den Waldsaum hefteten. Als sie den großen Elefanten heraneilen sahen, fürchteten sie sich. Aber sie waren zu erschöpft, um Anstalten zu einer Flucht zu machen. Doch der Bodhisattva-Elefant beruhigte sie sofort und sprach mit sanfter Stimme: »O Reisende, woher kommt ihr und wohin geht ihr? Habt ihr in der Wüste euren Weg verloren? Sagt mir, ihr Menschen, wie ich euch in irgendeiner Weise helfen kann.«

Als die Menschen hörten, daß der Elefant mit menschlicher Stimme zu ihnen sprach und ihnen helfen wollte, gewannen sie Vertrauen und sagten: »Des Königs Zorn trieb uns in die Verbannung und wir sind nun schon viele Tage durch die Wüste gestreift, ohne weder einen Tropfen Wasser noch Nahrung zu finden. Doch nun haben wir Euch, Großes Wesen, gefunden, das uns vom Übel retten will.« »Wie viele seid ihr?«, fragte der große Elefant. »Wir waren tausend Menschen«, antworteten sie, »aber viele sind auf dem Weg zugrunde gegangen und nun zählen wir noch 700. Wir, die wir im Abgrund des Todes zu versinken drohen, blicken zu Euch, Großes Wesen, auf und flehen Euch um Hilfe an.«

Der Bodhisattva-Elefant war zu Tränen gerührt

und beklagte die Torheit des Königs, der die Menschen in die Verbannung geschickt hatte. Während er seine Augen voll Mitleid über die verlassenen Menschen wandern ließ, gingen ihm folgende Gedanken durch den Sinn: »Die Körper dieser Menschen sind sehr schwach geworden, von Hunger, Durst und Müdigkeit gepeinigt. Wie wollen diese Menschen eine Wüste von so vielen Meilen durchqueren, wo sie weder Wasser noch Schatten finden, außer sie bekommen richtige Nahrung? Auch im Wald der Elefanten gibt es nicht genügend Nahrung für sie. Jedoch, wenn sie sich vom Fleisch von meinen Gliedern ernährten und Vorrat verschafften und meine Eingeweide als Behälter verwendeten, um sie mit Wasser zu füllen, so könnten sie die Wüste durchqueren und wieder in von Menschen bewohnte Gebiete vorstoßen. Das ist die einzige Möglichkeit. So will ich denn um dieser Menschen willen meinen Körper hingeben, diese Wohnstatt vieler Übel, auf daß er sei wie ein Floß für sie, um dem Elend zu entkommen. Diese Menschen sind wie Gäste in mein Gebiet gekommen. So will ich ihnen Erbarmen zeigen. Und dieser Körper, das Gefäß so vieler Schwachheiten, soll schließlich seine eigentliche Erfüllung haben: er dient zur Rettung anderer.«

Einige der verirrten Menschen baten den Elefanten um Wasser, andere um Nahrung und darum, ihnen den Weg aus der Wüste zu zeigen. Sie flehten ihn an als Hort und Zuflucht.

Der Bodhisattva-Elefant, voll Mitleid über ihr Flehen, hob seinen mächtigen Rüssel und zeigte ihnen die Berge, jenseits derer sie der Wildnis entkommen könnten und sprach: »Unterhalb jenes Berges ist ein weiter See von reinem Wasser. Dort könnt ihr euren Durst stillen und eure Müdigkeit vertreiben. Wenn ihr auf dem Weg fortfahrt, trefft ihr auf den toten Körper eines Elefanten. Nehmt das Fleisch von dessen Gliedern als Vorrat auf den Weg und seine Eingeweide als Behälter für das Wasser. Geht immer in derselben Richtung weiter und ihr werdet die Wildnis durchqueren können.«

So tröstete sie der Elefanten-Bodhisattva und lief selbst auf einem anderen Weg, ungesehen, auf die Spitze jenes Berges. Dann krachte von dessen höchstem Gipfel mit einem mächtigen Sprung der schöne Körper des Elefanten auf die Erde herunter. Die Erde wurde erschüttert, und die Gottheiten des Himmels streuten duftende Blumen über den toten Körper des Elefanten, der sein Leben für andere geopfert hatte. Der Himmel nahm den Glanz des Herbstes an und die Sonnenstrahlen schienen länger zu werden.

Inzwischen hatten jene Menschen, dem Weg folgend, der ihnen gezeigt worden war, den See erreicht. Sie erfrischten sich und erholten sich von Hitze, Durst und Müdigkeit. Als sie den Weg weitergingen, wie ihnen der Bodhisattva-Elefant geraten hatte, sahen sie in nicht allzu großer Entfernung den Körper eines Elefanten, der noch nicht lange tot war. Große Furcht ergriff sie. »Ist das nicht unser treuer Elefant?«, riefen einige aus der Gruppe. »Es ist in der Tat die gleiche schöne Gestalt, die einem Schneegipfel ähnelt. Dieser Elefant, dessen Schönheit diejenige aller Elefanten übertrifft, ist genau derjenige, der uns getröstet hat.«

Und alle sahen, daß der Elefant sich von der Höhe hinabgestürzt hatte, um sie, die ohne Verwandten und Freunde waren, zu retten.

»Es ist dasselbe Gesicht, derselbe Kopf und es sind dieselben Augen, obgleich geschlossen,« sagten die Menschen zueinander und alle saßen sie da und weinten bitterlich.

Nach einiger Zeit sprach einer von ihnen: »Meine Gefährten,« sagte er, »wir können diesen Elefanten, der sein Leben für uns gegeben hat, nicht essen.«

»Nein, Freunde«, sagte ein anderer, »wenn wir diesen Elefanten nicht essen, wird sein Opfer für uns nutzlos sein, und wir werden sterben, bevor wir eine Stadt erreichen. Auf diese Weise ist weder uns geholfen, noch wird der Wunsch unseres Elefanten erfüllt sein.«

Die Menschen sprachen nicht mehr, sondern beugten ihre Häupter in den brennenden Sand und aßen das Fleisch mit Tränen in ihren Augen. Und es machte sie stark, sehr stark, so daß sie fähig waren, die Wüste zu durchqueren und eine Stadt zu erreichen, wo ihr Kummer ein Ende fand. Niemals vergaßen sie den großen Elefanten, und sie lebten glücklich fort.

DAS REGENBOGENFEDERKLEID

Einstmals vor langer Zeit lebte ein Fischer am Strand von Mio no Matsubara. Viele immergrüne Kiefern wuchsen dort und von der Ferne her leuchtete der Firnkegel des Berges Fuji (Fudschi) über das Wasser.

Der Fischer war sehr arm und einsam. Eines Spätnachmittags, als er am Strand die Netze geflickt hatte und auf dem Heimweg war, sah er einen bunten Streifen im Geäst einer Kiefer schimmern. Er ging auf den Baum zu und sah, daß ein wunderbares feines Kleid, das aus Federn gemacht war, dort hing. Er nahm es rasch herunter und betrachtete es von allen Seiten. Die Federn glänzten in mannigfachen Farben wie der Regenbogen und funkelten wie Edelsteine in der Sonne. Es war das Schönste, was der Fischer jemals in seinem Leben gesehen hatte.

»Ach, was für ein schönes Kleid!« rief er bewundernd aus. Es hat bestimmt einen unbezahlbaren Wert. Niemand im Dorf besitzt so eine Kostbarkeit. Ich will dieses Fundstück an mich nehmen und zu Hause als meinen Schatz aufbewahren. Meine armselige Hütte birgt dann einen kostbaren Glanz. Ich kann das wunderbare Stück ansehen, wenn ich mich allein fühle. »Vorsichtig hielt er das zarte Federngewebe in seinen rauhen Händen und machte sich wieder auf den Weg.

Doch plötzlich hörte er aus dem Wasser eine Stimme ängstlich rufen: »Fischermann, Fischermann, das ist mein Federkleid. Bitte, gebt es mir zurück. Ich bin eine Himmelsfee und bade manchmal hier mit meinen himmlischen Schwestern. Heute aber habe ich mein Kleid nicht mehr gefunden. Ohne mein Federngewand aber kann ich nicht mehr zum Himmel zurückkehren. Bitte, Herr Fischer, seid so gütig und gebt mir mein himmlisches Federgewand zurück!« Der hartherzige Fischer aber wollte davon nichts wissen. Er habe dieses Kleid nun einmal gefunden und er wolle es als seinen Schatz in seiner Hütte aufbewahren. »Das Kleid ist so schön«, sagte er, »daß ich es unbedingt bei mir behalten und immer ansehen möchte.«

Die Himmelsfee war ganz unglücklich darüber und erklärte ihm, daß ihre Schwestern schon zum Himmel zurückgekehrt seien, um ihren Dienst zu tun und den zarten Glanz der Abendröte über die Erde zu breiten. »Seid doch so gut und erbarmt Euch und gebt das Kleid zurück!«

Der Fischer aber hielt das Kleid fest in der Hand. »Kommt doch auch Ihr, Himmelsfee, in meine einsame, armselige Hütte mit! Wie schön müßt Ihr sein, wenn Euer Kleid schon so wunderbar ist. Ihr könntet meine liebe Frau werden und mein Haus mit Freude erfüllen. Ach, wie schön wäre das! Wie lange habe ich darauf gehofft, Jahr um Jahr! Schnell hole ich Euch ein Fischergewand.«

Und er lief mit dem Federkleid zu seiner Hütte. Er suchte ein sauberes, gutes Fischerkleid aus, das beste, das er hatte, und legte es für die Himmelsfee an den Strand. Diese bat zwar noch einmal um ihr Federkleid, aber der Fischer sagte, sie solle nun doch mit ihm kommen, er wolle sie gut behandeln und für sie arbeiten, wenn sie seine liebe und einzige Frau würde.

Bei verwehendem Abendrot und einbrechender Dunkelheit führte der einfache, rauhe Fischer die schöne Himmelsfrau in seine Hütte. Der Vollmond stieg herauf und die beiden waren zusammen glücklich.

Tag für Tag lebten sie nun zusammen. Der Mann ging seiner täglichen Arbeit nach, fuhr am Morgen zum Fischen hinaus und brachte die besten Leckerbissen seines Fanges nach Hause. Die Frau bereitete diese ausgezeichnet zu. Auch versorgte sie die Blumen ums Haus, die blaue Trichterwinde (Asagao), herrliche blaue und gelbe Iris, die weißen, blauen und rosa Lotosblüten im Teich, die sie an die Lotos-Sitze im Paradies des Reinen Landes erinnerten. Sie liebte die zarten Gräser, die sich im Seewind wiegten und die kleinen Orchideenblüten.

Im Herbst freute sie sich an den rotglühenden Ahornblättern. Gerne sah sie den Vögeln zu, am liebsten den weißen Kranichen, wenn sie über das Meer hinflogen. Ansonsten verrichtete sie alle Arbeiten im Haus, fegte, und putzte und wusch die Kleider des Mannes.

So lebten die beiden zufrieden und innig dahin,

und im Sommer darauf wurde ihnen ein kräftiges und gesundes Knäblein geboren. Es strahlte wie Abendrot, hatte schon viele schwarze Haare und schrie kräftig wie ein rauher Fischer auf See.

Die Eltern, Fischermann und Himmelsfrau, waren überglücklich. Rasch wuchs der Knabe heran. Er spielte gern am Lotosteich, hüpfte auch, als er größer war, hinein und badete mit den Lotosblüten. Auch sammelte er Lotosnüßchen als Leckerbissen für seine Eltern.

Bald schon nahm ihn der Vater mit zum Fischen aufs Meer. Er lehrte den Knaben das Ruder führen, das Steuer lenken, auf Wind und Wetter achten, das Netz auswerfen und einziehen. All die vielen Arten der Fische lehrte er ihn kennen; bald wußte der Knabe Bescheid über die wertvollsten und die ungenießbaren Fische. Das Herz ging ihm auf, wenn er die Wunderwelt des Meeres betrachtete.

Eines Nachmittags, als die beiden Männer, Vater und Sohn, auf dem Meer fuhren, ging die Frau zum Lotosteich und betrachtete ihn lange, da er sie so an die himmlischen Gefilde mit den reinen kristallklaren Wassern und den silbrigweißen Lotosblüten erinnerte, auf denen die im Paradies wiedergeborenen Menschen sitzen und herrlich musizieren. Sie sah zum Himmel auf und kehrte dann wehmütig ins Haus zurück, wo sie nun schon lange solch einfache Dienste verrichte. Sinnend ging sie durchs Haus, als ob sie etwas suchte, bis sie unterm Strohdach angelangt war. Da, was war das? Unterm Gebälk sah sie etwas blitzen. Sie eilte darauf zu, zog an dem Stoff – und hielt ihr altes Federkleid in der Hand. Hier, unterm Dach hatte es ihr Mann verborgen. Das Kleid war von unversehrtem Glanz. Da kam ihre frühere Seele wieder in sie zurück. Sie raffte das Federkleid, ließ einige Goldfedern auf dem Tisch in der Hütte zurück und lief zum Strand.

Dort warf sie im Nu die Fischerkleider ab und tauchte in ihr Flügelkleid. Strahlend weit öffnete sie die Schwingen und sah zum Himmel auf. Langsam erhob sie sich über die Kiefern und das Meer. Der ganze Himmel leuchtete in tausend Regenbogenfarben, die sich auf den Wellen brachen.

Vater und Sohn, die auf dem Meere im Boot fuhren, waren wie geblendet.

Plötzlich durchzuckte es den Fischer: »Das ist meine Himmelsfrau.« Er ruderte wie von Sinnen, ohne noch irgend etwas wahrzunehmen, zum Strand. Der Knabe stand neben dem Boot, während der Fischer am Meeresufer entlangstürzte und nach seiner lieben Himmelsfrau rief. Im Steigen winkte sie zum Abschied zurück.

Darauf begann sie, den himmlischen Feentanz zu tanzen. Der weite Himmel war bis an den Horizont von funkelnden Regenbogenfarben erfüllt, immer schneller drehte sich die Himmelsfee im Kreise. Tausendfaches Licht fiel auf die Erde, himmlische Musik von Harfen und Flöten und Mundorgeln ertönte, immer schneller wirbelte der Tanz, bis die Fee für immer den Augen der Sterblichen entschwunden war.

Der Fischermann stand wie angewurzelt da und sah entrückt zum Himmel auf. Auch der kleine Sohn war von der Erscheinung verzaubert. Niemals im Leben hatten sie ein solches Licht am Himmel gesehen. Lange konnten sich die beiden nicht fassen.

Dann gingen sie still, wie von Donner gerührt, ins Haus zurück.

Die Jahre gingen dahin. Vater und Sohn lebten mit ihrer Arbeit, dem Fischfang, und in bescheidenem Wohlstand. Nur eine Goldfeder hatten sie verkauft. Die anderen behielten sie zur Erinnerung. Nie konnten sie die große Lichterscheinung beim Abschied der Frau und Mutter vergessen, aber sie sprachen nicht viel darüber. Schweigend bewahrten sie das Erlebnis in ihren Herzen. Eifrig pflegten sie auch die Blumen des Gärtchens, die die Mutter hinterlassen hatte.

Als der Knabe etwa 15 Jahre alt war, begann er große Sehnsucht nach seiner Mutter zu spüren und immer wieder fragte er den Vater nach ihr, wie sie ausgesehen habe und was sie alles erzählt habe. Der Vater sprach geduldig und freundlich mit ihm.

Die Erinnerung an seine liebe Himmelsfrau hatte sich von Erstaunen und Schmerz bei ihm in eine stille Güte und Liebe verwandelt.

Eines späten Nachmittags, als der Knabe am Lotosteich saß und vor sich hinträumte, und sich so sehr wünschte, seine Mutter sehen zu können, hörte er plötzlich aus einer tiefsinkenden roten Abendwolke eine Stimme: »Mein lieber und nun schon großer Sohn. Sei nicht traurig. Siehst du, deine Mutter denkt immer an dich und hat dich lieb. Du bist nicht allein in der irdischen Welt des Staubes. Ich helfe dir. Weißt du, es war mein Geschick, daß ich von der

Erde gehen mußte. Aber ich habe euch, deinen Vater und dich, nie vergessen. Jedes Abendrot, das ich über den Himmel streifen darf, färbe ich in der Liebe zu euch ganz tief rot. Siehst du, hier gebe ich dir einen himmlischen Samen. Den sollst du einpflanzen. Wenn du in Not bist, gehe immer zu der Stelle, wo die Pflanze wächst, dann komme ich und spreche mit dir.«

Danach verschwand die Abendwolke. Dem Knaben war nach diesen Worten wieder warm ums Herz und er hatte glühend rote Backen wie Abendrot.

Nahe beim Lotosteich pflanzte er den Samen ein, und es dauerte nicht lange, da rankte sich eine wunderschöne Trichterwinde an einem Bambus hoch. Bald trug sie auch eine große Frucht. Als der Knabe eines Tages die Frucht betrachtete, – da, was geschah, erschien plötzlich aus der Frucht die Gestalt der Mutter, die aussah wie Kannon, die gütige Gottheit der Barmherzigkeit. Ihr Gesicht war von unendlicher Güte und Milde, in der linken Hand trug sie ein Gefäß mit heilendem Saft, in der rechten die Gebetsperlenschnur, die bedeutet, daß sie jeden, der in Not zu ihr fleht, anhört und tröstet.

Vater und Sohn gingen täglich an den Platz der Trichterwinde (Yugao). Die barmherzige Gottheit mit dem Antlitz ihrer lieben Frau und Mutter nannten sie Yugao-Kannon, die barmherzige Gottheit von der Abendwindenblüte.

DER BODHISATTVA UND DIE LOTOSSTIELE

Jene, die gelernt haben, Verzichten als Glück zu schätzen, stehen weltlichen Freuden und Begierden feindlich gegenüber. Sie widersetzen sich ihnen wie einem Unrecht. Dies zeigt die folgende Geschichte:

Einstmals vor langer Zeit war der Bodhisattva in einer berühmten Familie von Brāhmanen wiedergeboren worden, deren Ruf der Tugendhaftigkeit und der Freiheit von tadelnswerten Fehlern weithin gedrungen war. In dieser Existenz hatte er sechs jüngere Brüder, die mit den gleichen Fähigkeiten wie er begabt waren und die ihn aus Zuneigung und Respekt immer nachahmten. Er hatte auch noch eine Schwester, die die siebente war. Nachdem er die Veden studiert hatte, erlangte er großes Ansehen auf Grund seiner Gelehrsamkeit und hohe Wertschätzung von seiten der Menschen. Vater und Mutter achtete er mit höchster Pietät, ja, er verehrte sie wie Gottheiten. Indem er seine Brüder in den verschiedenen Zweigen des Wissens wie ein geistiger Meister oder Vater unterrichtete, lebte er in der Welt, war geschickt in der Behandlung weltlicher Angelegenheiten und zeichnete sich durch sein gutes Benehmen aus. Im Wandel der Zeit jedoch starben seine Eltern und dieser Verlust bewegte seine Seele tief. Nachdem er die Begräbniszeremonien für sie angeführt und einige Tage in

Trauer verbracht hatte, versammelte er seine Brüder und sprach: »Dies ist der Lauf der Dinge der Welt und eine Quelle von Kummer und großem Schmerz, daß der Tod uns schließlich von jenen trennt, mit denen wir eine gewisse Zeit, wie lang auch immer, gelebt haben. Auf Grund dessen wünsche ich in die Hauslosigkeit (Waldeinsamkeit) zu gehen, um auf jenem lobenswerten Pfad zum Heil vorwärtszuschreiten, damit nicht der Tod, unser Feind, mich erfaßt, während ich ein bequemes Leben als Herr des Hauses führe. Da ich mich dazu entschlossen habe, möchte ich euch folgendes raten: Unsere Brāhmanenfamilie ist im rechtmäßigen Besitz einiger Güter, die auf ehrenvolle Weise erworben wurden. Mit diesen könnt ihr euren Lebensunterhalt bestreiten. Ihr sollt nun hier auf gute Weise als Herren des Hauses leben. Mögt ihr alle darauf bedacht sein, einander zu lieben und auch gegenseitig zu respektieren. Verletzt die Moralvorschriften nicht, studiert die Veden, achtet eure Freunde, Gäste und Lehnsleute, kurz, seid vor allem rechtschaffen. So wird sich nicht nur euer guter Ruf vermehren, sondern der Eingang ins andere Leben wird glücklich sein.«

Während der Brāhmanensohn so sprach, wurden die Brüder in ihren Herzen von großer Traurigkeit heimgesucht. Nach dem Verlust der Eltern fühlten sie es doppelt schwer, daß ihr ältester Bruder, der ihnen wie ein Meister und Vater war, nun in die Hauslosigkeit gehen wollte. So entschlossen sie sich, ebenfalls auf die weltlichen Freuden zu verzichten und in die Waldeinsamkeit zu gehen, um sich der Meditation zu widmen. So gaben alle sieben Brüder, zusammen mit ihrer Schwester als der achten, ihren weltlichen Besitz auf, nahmen Abschied von ihren weinenden Freunden, Verwandten und Lehnsleuten und wandten sich einem Leben als hauslose Asketen im Wald zu. Aus Anhänglichkeit an sie gingen eine Magd und ein Diener mit ihnen.

An einem stillen Platz im Wald war ein großer See von reinem blauen Wasser. Er zeigte sich von glänzender Schönheit, wenn sich die weiß-rosa Lotosknospen öffneten, und er gab sich ein fröhliches Aussehen, wenn die Wasserpflanzen ihre Kelche des Abends wieder schlossen. Bienenschwärme summten um die Blüten. Am Ufer des Sees bauten die Asketen mit ihrer Schwester und den Dienern für jeden eine Hütte aus Blättern, wobei sie diese in einiger Entfernung voneinander, jede unter dem Schatten eines Baumes, errichteten. So lebte jeder für sich in Einsamkeit, hingegeben seinem selbstauferlegten Gelübde und den Sinn auf die Meditation gerichtet. An jedem fünften Tag pflegten sie zum Bodhisattva zu gehen, um der Predigt über das Gesetz zu lauschen. Der Bodhisattva hielt dann eine erbauliche Ansprache über den Weg der Ruhe und des Friedens des Geistes. Er pries den Wert der Meditation und wies auf die Sündhaftigkeit weltlicher Begierden hin, auch auf Hochmut, Geschwätzigkeit, Faulheit und andere Fehler, so daß seine Zuhörer tief beeindruckt waren.

Nun war es so, daß die Dienerin aus Respekt und Anhänglichkeit für die Brāhmanensöhne nicht aufhörte, für sie auch im Wald zu sorgen. Sie war es gewöhnt, die eßbaren Lotosstiele aus dem See zu ziehen und sie zu gleichen Teilen auf große Lotosblätter an einem sauberen Platz ans Seeufer zu legen. Sie schlug dann zwei Holzstücke gegeneinander und gab so das Zeichen, daß das Mahl fertig sei, worauf sie sich zurückzog. Darauf begaben sich die heiligen Männer, nachdem sie ihre Gebete und Reinigungszeremonien verrichtet hatten, einer nach dem anderen dem Alter nach ans Seeufer, nahmen der Reihe nach ihren Anteil an Lotos-Stielen und kehrten in ihre Hütten zurück. Dort nahmen sie ihre Mahlzeit ein und verbrachten die restliche Zeit in Meditation. So sahen sie sich nur zur Predigtzeit.

Der Ruf ihres untadeligen Lebenswandels, ihrer Liebe zum Verzicht und ihrer Hingabe an die Meditation verbreitete sich weit. So erfuhr auch Śakra, der Herr der Gottheiten, von ihnen, und er begab sich zu ihrem Aufenthaltsort, um sie zu versuchen.

Nun beobachtete Śakra, wie die Dienerin wieder eines Mittags die eßbaren Lotosstiele, weiß und zart wie die Zähne eines jungen Elefanten, gesammelt und in gleichen Teilen auf smaragdgrüne Lotosblätter gelegt hatte, wobei sie noch einige Lotosblütenblätter und Staubfäden als Schmuck hinzufügte. Wie üblich kündigte sie die Essenszeit durch das Schlagen der Holzstücke an und zog sich zurück. In diesem Moment trat Śakra vor, um den Bodhisattva zu versuchen und ließ die erste Ration vom Lotosblatt verschwinden.

Wenn Unglück sich erhebt und das Glück verschwindet, dann ist Gelegenheit, die Standhaftigkeit des Tugendhaften zu messen, die unweigerlich dann zutage tritt. Als der Bodhisattva sah, daß auf seinem Lotosblatt die eßbaren Lotosstiele fehlten, während der Schmuck der Blütenblätter und Staubfäden in Unordnung war, dachte er: »Jemand hat meinen Anteil an Nahrung genommen.« Daraufhin zog er sich ohne ein Gefühl von Aufregung oder Ärger in seinem Herzen in seine Hütte zurück und gab sich der Meditation hin, wie er es gewohnt war. Zu den anderen Asketen sprach er nicht über diese Angelegenheit, um sie nicht zu betrüben. Und jene dachten, er hätte sich wie üblich seinen Anteil genommen. Jedoch Śakra verbarg den Anteil an Lotosstielen auf gleiche Weise auch am zweiten, dritten, vierten und fünften Tag. Aber die Wirkung war dieselbe. Der große Bodhisattva verharrte ruhig im Geist wie immer und war völlig frei von Sorge.

Die Tugendhaften meiden die Unruhe des Geistes, nicht das Erlöschen des Lebens, den Tod. Auf Grund dessen ist der Weise nie beunruhigt, nicht einmal in Lebensgefahr.

Am Nachmittag des fünften Tages nun gingen jene Asketen wie gewohnt zur Laubhütte des Bodhisattvas, um seiner Predigt zu lauschen. Als sie ihn sahen, nahmen sie wahr, wie schmal er geworden war: Seine Wangen waren eingefallen, seine Augen lagen tief in den Höhlen, der Glanz von seinem Gesicht war verschwunden, seine wohltönende Stimme hatte ihren Klang verloren. Er war jedoch so angenehm anzusehen wie ein blühender Mensch, denn seine Tugenden, Weisheit, Beständigkeit und Gleichmut waren nicht verschwunden. Nachdem sie ihm die übliche Ehrerbietung erwiesen hatten, fragten sie ihn bestürzt nach dem Grund für seine Auszehrung. Und der Bodhisattva erzählte ihnen die Sache, wie er sie empfunden hatte. Die Asketen, die sich nicht vorstellen konnten, daß einer von ihnen eine solch schlechte Tat begangen haben könnte und die über sein Leid beunruhigt waren, drückten ihre Sorge in lauten Rufen aus und hielten ihre Augen vor Scham auf den Boden geheftet. Sie konnten zu keiner Klarheit kommen.

Dann mißbilligte der zweitälteste Bruder des Bodhisattva eine solche Tat und zeigte seine Unschuld in folgenden außergewöhnlichen Worten: »Möge derjenige, o Brāhmane, der die Lotosstiele genommen hat, ein Haus bekommen, das durch seine reiche Ausstattung den Wohlstand des Besitzers bezeugt, eine Frau entsprechend seinem Herzenswunsch und möge er mit Kindern und Enkeln gesegnet sein!«

In ähnlicher Weise wandten sich die anderen Brüder, die Schwester, der Diener und die Dienerin gegen die Tat, indem sie dem Täter ein Leben in weltlichen Genüssen als Hausherr oder König wünschten, indem er die Zeit vergessen würde, daß er von dieser Welt gehen müsse.

Diese außergewöhnliche Art der Mißbilligung, die ihrer aller Abneigung gegen die weltlichen Freuden und Begierden offenbarte, riefen das Erstaunen und die Achtung von Śakra, dem Herrn der Gottheiten, hervor. Er zeigte sich in seiner wunderbaren Gestalt, trat zu den Asketen und sagte mit Bedauern: »Ihr solltet nicht so sprechen. Jene Freuden – die ein jeder, der Glück ersehnt, zu einem solchen Grad erstrebt, daß der Schlaf seine Augen meidet und er jede Art von Mühe und Anstrengung auf sich nimmt – von diesen urteilt ihr, daß sie »weltliche Freuden und Begierden« sind. Warum urteilt ihr so?«

Der Bodhisattva sprach: »Sinnliche Freuden sind von endlosen Sünden begleitet, Herr. Ich will Euch genau erklären, was die Weisen im Auge haben, wenn sie sinnliche Freuden ablehnen: Um sinnlicher Freuden willen erleiden Menschen Gefangenschaft und Tod, Kummer, Müdigkeit, Gefahr, kurz, vielfältige Leiden. Um ihretwillen gehen Könige so weit, daß sie die Rechtschaffenheit unterdrücken und folglich nach dem Tod in die Hölle fallen.

Wenn sich die Bande der Freundschaft lockern, wenn die Menschen die Wege politischen Kalküls einschlagen, diese unreinen Pfade der Falschheit, wenn sie ihren guten Ruf verlieren und so sich Leiden einheimsen, sind dann nicht sinnliche Freuden die Ursache all dessen? Nun, da die weltlichen Freuden Menschen so schaden, sowohl in dieser Welt als auch in der nächsten, halten sich die Weisen, die sich nur um das wahre Selbst kümmern, frei von ihnen, wie sie es mit bösen Schlangen halten würden.« Śakra, der Herr der Götter, war von den Worten des Bodhisattva und der Größe des Geistes der Asketen beeindruckt und gestand, daß er selbst den Diebstahl begangen habe, um ihre Gesinnung zu prüfen und er übereichte dem Bodhisattva die Lotos-Stiele.

Der Bodhisattva verwahrte sich gegen solch eine Art der Prüfung und Śakra bat ihn um Verzeihung, die dieser gewährte. Darauf entschwand Śakra, der Herr der Götter.

Der Bodhisattva, seine Brüder, seine Schwester mitsamt Diener und Dienerin führten ihr Leben in Gleichmut und Meditation im Walde weiter wie bisher.

DIE GESCHICHTE VOM FISCHKÖNIG

In einem schönen blauen See, einem See, der mit weißen Lotosblüten bedeckt war, hatten sich viele Fische versammelt. Sie waren zusammengekommen, um eine Geschichte zu hören, die von einem von ihnen erzählt wurde.

»Einst vor langer Zeit«, so erzählte der Fisch, »lebte in diesem unserem See ein König, ein großer König. Er war ein Fisch wie wir, mit einem goldenen Rücken, aber doch noch viel goldener. Ja, die Lebewesen, die auf der Erde leben, haben viele Sterne an ihrem Himmel bei Nacht, aber er war der Stern unseres Himmels, und wenn alles dunkel war, so machte er den Weg durch das Wasser hell.«

Nun geschah es, daß die Königin Regen vergaß, Regenschauer auf die Erde zu senden, bevor die Zeit der Hitze kam. Tag um Tag tranken Mutter Erde und die durstigen Sonnenstrahlen die Wasser unseres Sees. Und der König Wind, der von Ost nach West Feuer blies, blies noch die letzten Tropfen fort. Nun also, unser See war ein Sumpf und jeden Tag kamen die Krähen und verschlangen unsere Gefährten.

Aber unser König, unser lieber König, bat in sanftem Flüstern, und seine Worte waren über der Erde zu hören.

Königin Regen, die seine Bitte hörte, blickte von

oben herab, die Feen, die die Wassergefäße tragen, und jene, die die Wolken am Himmel führen, wachten von ihrem Schlaf auf und der König Donner, der die Gebete hörte, stand auf und rief seinem Heer zu. »Ich befehle euch allen: Feuer!«

Unverzüglich erbebte die ganze Welt. Die Wolkenanführer zogen durch den Himmel. Die Geschütze von König Donner schossen Blitze von Osten nach Westen. Der große Himmel öffnete sich und zeigte Licht, und Wasser strömte hervor. Die Regentropfen fielen schwer, aber der Klang war süß für unsere Ohren, indem er uns erzählte, was die Feen im Himmel sagten. Und als wir zuhörten, wurden unsere kleinen niederhängenden Köpfe wieder aufgerichtet.

Aber unser König fürchtete, daß die Wassergefäße weggenommen werden würden, bevor der See voll war und er sprach lauter: »König des Donners, Königin des Regens, zeigt eure Macht noch einmal, laßt das Wasser mehr und mehr strömen, bis unser See wieder ist wie zuvor.«

Bei diesen Worten strömte das Wasser vom Himmel wie von einem Bergsturzbach. Donner krachte und die ganze Welt erschütterte. Die sengende Sonne war schließlich ganz bedeckt und die Krähen wurden weit fortgejagt.

Und langsam vom Himmel niedersteigend verließen König Donner und Königin Regen ihre Plätze und kamen zur Erde hernieder.

»Es ist deine Liebe, o Süßer«, sagten sie zu unserem König, welche Ursache war, daß die Welt so erschüttert und Ströme von Wasser entsandt wurden.

Fürchte dich nicht, Teurer. Niemals wird dieser See wieder leer sein, denn deine Stimme soll niemals vergessen sein.«

Und der blaue See war wieder angefüllt und die weißen Lotosblüten wuchsen wieder und wir alle lebten seither glücklich.

DIE WUNDERBARE ERSCHEINUNG DER KANNON VON NARIAI IN DER PROVINZ TANGO IN JAPAN

Es ist nun lange her. Da gab es in der Provinz Tango, an der Westküste Japans, ein Bergkloster mit Namen Nariai. In jener Gegend wurde Kannon, die Gottheit der Barmherzigkeit, die die Rufe und Schreie dieser Welt hört, sehr verehrt. In dem Kloster dort gab es einen armen Mönch, der sich zurückgezogen im Weg Buddhas übte. Nun war es so, daß im Innern der Provinz Tango oftmals hoher Schnee fällt und der Wind rauh weht. Auch kommen zur Zeit des Winters, wenn der Schnee hoch liegt, keine Leute zu Besuch.

In einer solchen Situation gingen dem Mönch einmal seine Vorratsmittel aus und er hatte schon mehrere Tage ohne Nahrung zugebracht. Aus diesem Grund, da er nichts zu essen hatte, schien er sterben zu müssen. Der Schnee lag hoch, es war ihm nicht möglich, ins Dorf zu gehen, um seine Nahrung zu erbetteln, auch war nicht daran zu denken, daß er sich von Pflanzen oder Bäumen hätte ernähren können. Eine gewisse Zeit blieb er stark, aber da es nun schon an den zehnten Tag hinging, fühlte er sich ohne Kraft und nicht fähig, aufzustehen. Also breitete er in der Südostecke des Heiligtums seinen zerrissenen Mantel aus und legte sich nieder. Da er so kraftlos war, sammelte er weder Holz noch machte er Feuer. Die Holzwände des Klosters waren beschädigt, und so blies der Wind ohne Aufhören durch die Ritzen und auch über das Dach hinweg. Schließlich waren Wind und Schnee aufs Äußerste erschreckend.

Der Mönch, der ohne Kraft war, las weder die Sūtren noch rief er Buddha an. Da er keinerlei Hoffnung hatte, daß er in der gegenwärtigen Lage Nahrung bekommen könne, war er in seinem Herzen unbeschreiblich bedrückt. »Jetzt werde ich sterben«, dachte er und erwartete nichts anderes. Doch in seiner äußersten Not begann er schließlich, Kannon anzuflehen, die in jenem Tempel verehrte Gottheit der Barmherzigkeit, daß sie kommen möge, ihn zu retten. Er sagte: »Wenn man den ehrwürdigen Namen der Kannon anruft, und sei es nur ein einziges Mal, so wird letztere alle Gelöbnisse erhören. Wie wäre es traurig für mich, der ich seit Jahren meine Zuflucht zu Kannon genommen habe, vor Hunger hier vor dem Buddha zu sterben. Wenn ich um einen hohen Rang als Beamter oder um einen bedeutsamen Schatz bäte, wäre es sicher schwierig, so etwas zu erlangen. Jetzt aber laßt Euch herab, mir diese einfache Sache zuzugestehen, daß ich essen kann und mein Leben bewahre!« Nachdem er Kannon so angerufen hatte, warf er einen Blick nach draußen durch die Nordwestecke des Tempels, und da sah er, daß ein Wildschwein dalag, das von einem Wolf gerissen worden war.

Das war Kannon, die barmherzige Gottheit und Begleiterin Buddha Amidas, die ihm dieses gab, ganz sicher! Sein erster Gedanke war, daß er gehen wollte, um davon zu essen; aber dann überlegte er bei sich, wie er, der seit Jahren beim Buddha seine Zuflucht genommen hatte, jetzt das Fleisch eines Tieres essen könnte, was doch von Buddha verboten war. Nach der Unterweisung von Buddha sind alle Lebewesen, auch die Tiere, Vater und Mutter aus früheren Existenzen der Menschen. Müßte er auch selbst aus Mangel an Nahrung sterben, wie könnte er Stücke von deren Fleisch abschneiden und essen? Ist es nötig zu sagen, daß der Mensch, der das Fleisch von Lebewesen ißt, in sich den Samen Buddhas unterdrückt und daß dies der Weg ist, auf dem man in schlimme Schicksalsbestimmungen (Tiere, Hungergeister, Hölle) fällt? Das ist doch der Grund, warum die Tiere aller Arten fliehen, sobald sie einen Menschen sehen. Vom Menschen, der solches Fleisch ißt, halten sich auch Buddha und Bodhisattvas fern. Wieder und wieder kam der Mönch auf diese Überlegung zurück.

Aber so groß war das Herzenselend dieses Menschen, daß er, ohne weiter noch an seine kommenden Existenzen zu denken, einfach weil er den Schmerz des jetzigen Hungers nicht weiter ertrug, ein Schwert nahm und zur Linken und zur Rechten von den Schenkeln des Wildschweins Teile abschnitt. Diese legte er in einen Kochtopf, kochte sie und aß. Ihr Geschmack war unbeschreiblich gut. Das Gefühl des Hungers wurde in ihm ganz gestillt, sein Wohlbefinden grenzenlos.

Er trauerte und beklagte nichtsdestoweniger, daß er eine so schwere Sünde begangen habe, bis der

Schnee nach und nach schmolz, und er den Lärm von Leuten des Dorfes hörte, die in großer Zahl ankamen. Diese Leute sagten: »Was ist aus dem Mönch geworden, der in diesem Kloster zurückgezogen gelebt hat? Der Schnee liegt hier noch hoch und es ist nicht die mindeste Spur, daß jemand hier gegangen ist. Da das schon seit vielen Tagen der Fall ist, muß sein Vorrat an Nahrung ganz aufgebraucht sein. Warum ist nichts da, was an eine menschliche Gegenwart erinnert? Ist er am Ende tot?«

Als er die Sätze hörte, die von Mund zu Mund gingen, dachte der Mönch: »Wie kann ich vorerst einmal die Reste vom Fleisch dieses Wildschweins verstecken!« Aber da keine Zeit mehr war, konnte er nichts machen. Er hatte sogar in dem Kochtopf noch Stücke, die er noch nicht gegessen hatte. Bei dem Gedanken fühlte er sich äußerst beschämt und ins Unrecht gesetzt.

Schließlich kamen die Leute alle herein. »Wie habt Ihr diese Tage nur verbracht?« Indem sie solche und andere Dinge sagten, machten sie im Kloster einen Rundgang und als sie umhersahen, merkten sie, daß in einem Kochtopf Holzstücke von geschnittenem Nadelholz lagen, die gekocht und von denen gegessen worden war. Reste waren noch übrig. Als sie das sahen, sagten sie: »Völlig ohne Nahrung wie der heilige Einsiedler war, – welcher Mensch ließ das Holz kochen und aß davon?« So sprachen die Leute und sie fühlten Bedauern, als sie den Buddha ansahen. Denn sie bemerkten, daß man erst ganz frisch zur Linken und zur Rechten von den Schenkeln Holz abgeschnitten hatte. »Seht das, was der Mönch abgeschnitten und gegessen hat.«

Von Entsetzen ergriffen sagten sie: »Wenn es der Fall war, daß er Holz gegessen hat, dann hätte der heilige Einsiedler genauso gut von der Säule des Tempels etwas abschneiden und essen können. Wie konnte er den erhabenen Körper des Buddha zerstören?«

Während sie so sprachen, betrachtete der Mönch erstaunt den Buddha: So wie die Leute es sagten, war zur Linken und zur Rechten von dessen Schenkeln etwas weggenommen. Der Mönch dachte in diesem Moment: »Also war das Wildschwein, das ich gekocht und gegessen habe, nicht mehr und nicht weniger als Kannon, die, um mich zu retten, ein Wildschwein geworden war.« Bei diesem Gedanken wandte er sich, von Ehrfurcht und Bewegung erfüllt an die Leute, und wie er ihnen den Vorfall schilderte, ließen alle, die es hörten, die Tränen fließen. Ihre Bewegung und ihre Ehrfurcht kannten keine Grenzen.

Da wandte sich der Mönch, der vor Buddha stand, an Kannon, die Gottheit der Barmherzigkeit, und sprach: »Wenn dieser Vorfall eine Offenbarung von Kannon gewesen ist, die die Rufe und Schreie der Welt hört, dann möge sie sich herablassen, ihren Körper wieder zu vollenden, wie er vorher war!«

In diesem Moment, als er das sagte, ergänzten sich vor aller Augen zur Linken und zur Rechten die Schenkel der Statue, so daß sie wieder wie vorher waren. Also ließen die Leute ihre Tränen von neuem fließen und sie klagten und seufzten ohne Maß.

Das ist der Grund, warum man dieses Kloster »Nariai«, Kloster der wiederhergestellten Kannon, nennt. Diese Kannon steht auch heute noch da. Die Menschen, die den Geist der Erleuchtung in sich tragen, müßten ohne Zweifel eine Wallfahrt dorthin machen und sie anbeten. Das ist die Geschichte, die überliefert ist.

DAS KIRSCHBAUMHARMONIUM

Am weiten südlichen Himmel wohnten viele Blumenelfen. Sie sahen ganz lieblich und zart aus, mit Bäckchen wie Pfirsichsamt, und waren in hauchdünne, milchfarbene, elfenbeinzarte Kleider gehüllt. Blütenduft umströmte sie. Auf der Erde unterhalb der Himmelssphären, in denen die Elfen wohnten, waren die Wiesen immer mit bezaubernden Blumen in vielen Farben übersät – rot, lila, gelb, weiß und rosa. Freilich, die Menschen, die über die Wiesenwege gingen, konnten die Gestalt der Blumenelfen mit ihren bloßen Augen nicht sehen. Doch viele wunderten sich, daß der Himmel da, wo die Elfen ihr Heim hatten, immer mit milchfarbenen Wolkenschleiern überzogen war und dort eine so warme Luft wehte.

Eines Tages sagten die Elfen zueinander: »Nun ist hier bei uns der Frühling eingekehrt. So sollen auch in den Ländern im Norden, in denen es kühler ist, die Blumen blühen.« Und sie begaben sich in die nördlichen Gefilde.

Als die Elfen in die Berge und Felder im Norden geflogen waren, begannen sie dort, warme Luft über das Land zu blasen. Sie spitzten ihre kleinen Münder und pusteten mit vollen Backen die Luft heraus: »pfff ...! pfff ...!« Schließlich regten sich auch die kleinsten Blumen in ihren feinsten Trieben unter der

Erde, ihre Blättchen lugten aus der Erde hervor, und bald öffneten sich die zarten Blütenkronen. Blumen und Elfen drehten sich zusammen im Frühlingsreigen.

Danach strebten die Elfen in eine Gegend, wo der Schnee noch nicht geschmolzen war, nämlich in das Land um den hohen Berg, der wie ein Sägezahn aussah. Er glitzerte prächtig im Firn. Am Fuße des Berges standen wilde Kirschbäume. Ihnen versuchten nun die Elfen mit ihren sonnenwarmen Atemwogen rosa Blütenflor zu entlocken. Eine Elfe unterbrach seufzend ihre Bemühungen und sagte: »Wie soll das nur jemals etwas werden? Bei aller Liebe, die ich an jenen Kirschbaum verschwende, wollen sich keine Blütenspitzen zeigen! Ich kann soviel warmen Atem hinblasen, wie ich will, es hilft alles nichts, es kommen keine Blüten!«

»Wo ist denn dein Baum?« riefen andere Elfen. »Wir wollen einmal nachschauen!« Sie wippten herbei und versuchten, mit voll aufgeblasenen Backen besonders viel warme Luft herauszupusten. Der Stamm des Kirschbaumes hatte dicke Knorren; auch an diese bliesen die Elfen mit vollen Backen »pfff ...! pfff ...!«

Schließlich öffneten sich an einzelnen Stellen ein paar Blüten, langsam kamen an den Zweigspitzen immer mehr heraus. Da seufzte der Kirschbaum auf und sagte: »Vielen Dank, vielen Dank, ihr Elfen! Ich habe schon so viele Jahre hinter mich gebracht und überstanden. Doch nach langer Zeit stehe ich jetzt endlich wieder voll in Blüte!«

Die Elfen freuten sich sehr, und sie bewunderten den Baum mit seinen vielen rosa Blüten. Aber dann nahmen sie Abschied von ihm und flogen wieder in ihr Elfenreich zurück.

Der Frühling ging vorüber, und es kam der Sommer. Die Elfen zogen mit Sonnenschleiern über die Wiesen zu Füßen des Sägezahn-Berges und brachten den Bergblumengarten voll zum Erblühen. Die Wiesen tranken das Sonnenlicht.

Bei einem Ausflug sahen sich die Elfen auch nach ihren Freunden, den Kirschbäumen um; besonders gern wollten sie ihren alten Kirschbaum-Freund besuchen. Doch als sie zu der Baumgruppe kamen, erschraken sie: Der alte Kirschbaum war umgehauen worden. Die Elfen waren zutiefst bestürzt und klagten: »Wie hat nur jemand eine so rohe Tat begehen können! Nachdem wir unserm alten Freund im Frühling noch aus voller Kraft unseren warmen Atem gegeben habe, ist es nun so mit ihm gekommen! Das ist wirklich zu traurig!«

Die Himmelsfeen brachen einen grünen Zweig ab und legten ihn neben den gefällten Stamm. Dann umringten sie ihn und standen still und traurig da; sie konnten nichts mehr für ihn tun.

Sommer und Herbst waren vergangen, und der Winter brach herein. Der Teil des Himmels, wo die Elfen nicht wohnten, war mit bleifarbenen Wolken verhangen, und aus ihnen begann es nun heftig zu schneien. Der gefällte Kirschbaum wurde auf einen Schlitten geladen, den Berg hinuntergebracht und in eine Fabrik einer fernen Stadt transportiert.

Dort wurde aus dem Stamm ein Harmonium gebaut.

Der Kirschbaum, der den Atem der Elfen empfangen hatte, gab, in ein Harmonium verwandelt, einen wunderbar warmen, melodischen Klang.

Eines Tages kam die Lehrerin eines Kinderheims und probierte das Harmonium aus. Der Klang des Harmoniums gefiel ihr so gut, daß sie es für ihre Kinder im Kinderheim kaufte.

So wurde der Kirschbaum – nun als Harmonium – wieder in einen Zug, danach auf ein kleines Transportauto geladen und in das Kinderheim in den Bergen gebracht, wo viele Kinder wohnten. Als der Frühling ins Land gezogen war, ließ die Lehrerin des Kinderheims das Harmonium ins Freie bringen. Die Kinder umringten es, tanzten im Kreis herum und sangen zu den frohen Klängen, die ihre Lehrerin auf dem Harmonium spielte:

»Wir sind die Blumen,
Rot, gelb und blau und weiß,
Wir tanzen fröhlich rundherum
Und bilden einen Kreis.

Wir laufen eng zusammen
Zu einem Blumenbund,
Wir hüpfen auseinander
Und öffnen weit das Rund.

Da scheint die helle Sonne
In unsern Kinderkreis,
Der aufblüht und sich wieder schließt,
wie's schöner niemand weiß.

Wir öffnen unsere Blüten
Dem warmen Sonnenschein,
Und springen alle kunterbunt
Ins grüne Land hinein.«

DIE GABE DES HASEN

Einstmals vor langer Zeit lebte in der Einsamkeit eines Waldes der Bodhisattva als Hase. Der Waldboden war bedeckt mit einem Teppich von weichem Gras und Moos, in einer Lichtung wuchsen Blumen und gediehen Früchte. Ein Bach durchzog den Wald mit einem Wasser so blau und rein wie Lapis Lazuli. So bewohnte der Bodhisattva als Hase ein schönes Fleckchen Erde. Auf Grund seiner guten Natur, seiner schönen Gestalt und seiner großen Kraft, weder beargwöhnt von den kleinen Tieren noch die großen fürchtend, war der Hase wie der König der Tiere dort im tiefen Wald. Seine Bedürfnisse mit Grashalmen stillend, wirkte er ganz wie ein Weiser. Da alles, was er tat, in Gedanken, Worten und Werken von seiner Freundlichkeit durchdrungen war, waren viele Tiere seine Freunde.

Besonders hatte er die Herzen eines Fischotters, eines Schakals und eines Affen gewonnen. Sie wurden seine Gefährten, angezogen durch die Liebe und Hochachtung, die seine hervorragenden Tugenden in ihnen weckten. Und wie Freunde, deren Freundschaft gewachsen ist durch das Eingehen auf die gegenseitigen Wünsche, verbrachten sie ihre Zeit freudig zusammen. Im Gegensatz zur Natur wilder Tiere zeigten sie mit den Lebewesen Mitleid, ihre Begierden hatten sie ausgelöscht und sie begingen keinen Diebstahl. Durch ihr besonderes Verhalten der Rechtschaffenheit, ihr durchdringendes Verstehen und ihr Beobachten religiöser Verpflichtungen, wie sie die Frommen übten, überraschten sie sogar die Gottheiten. Und besonders waren diese vom Hasen, dem Lehrer der Freunde, angetan.

Eines Abends war der Hasen-Bodhisattva in Gesellschaft seiner Freunde, die gekommen waren, um von ihm die Predigt des Gesetzes zu hören, und die verehrungsvoll zu seinen Füßen saßen. Es war fast Vollmond und der Bodhisattva bemerkte, daß am nächsten Tag ein heiliger Tag für die Frommen sein würde. Auf Grund dessen ermunterte er seine Freunde, am nächsten Tag die religiösen Pflichten zu üben und das Bedürfnis, den Körper zu ernähren, nicht zu stillen, bevor sie nicht einen Gast mit hervorragender Speise, die auf rechte Weise erworben sein müsse, geehrt hätten. Denn die Ansammlung von Verdiensten durch Mildtätigkeit (dāna) sei wichtig, um auf einer guten Stufe wiedergeboren werden zu können. Die Freunde hatten dem Hasen-Bodhisattva aufmerksam zugehört und stimmten ihm zu. Sie grüßten ihn und jeder kehrte zu seiner Wohnstätte zurück. Als seine Gefährten noch nicht weit entfernt waren, kamen dem Hasen-Bodhisattva folgende Gedanken:

»Meine Freunde sind fähig, mit Nahrung einen Gast, der zufällig ankommt, zu ehren, aber ich bin in erbarmungswürdiger Lage: Ich kann unmöglich einem Gast die bitteren Grashalme anbieten, die ich mit meinen Zähnen abreiße. Wie hilflos bin ich! Es bedrückt mich, daß ein Gast, der eigentlich eine Quelle der Freude sein sollte, für mich eine Quelle des Kummers ist. Doch da durchzuckte ihn ein Gedanke: Das Eigentum, das dazu dient, einen Gast zu ehren, ist leicht zu beschaffen. Es liegt in meiner Macht. Es ist das Eigentum meines Körpers. Ja, ich habe die passende Nahrung für meinen Gast gefunden. Nun bin ich wieder froh. Mit meinem eigenen Körper will ich Gastfreundschaft üben und das Bedürfnis meines Gastes befriedigen.«

Nach diesem Entschluß fühlte der Bodhisattva sich von Glück durchströmt, als ob er einen großen Gewinn erlangt hätte.

Die Gottheiten des Himmels nahmen den Entschluß des Bodhisattva wahr und waren über seine Opferbereitschaft höchst erfreut. Sie ließen die Erde vor Entzücken beben und Himmelstrommeln ertönen und streuten Blumen über den Hasen-Bodhisattva. Śakra, der Herr der Gottheiten, aber wollte den Hasen-Bodhisattva prüfen.

Am nächsten Tag um die Mittagszeit – wenn die Sonne mitten vom Himmel die heißesten Strahlen aussendet, wenn der Horizont in einem Netz von zitternden Lichtstrahlen eingehüllt und verschleiert ist vom Schein der Hitze, wenn die Schatten sich zusammenziehen, wenn das Innere des Waldes widertönt von dem lauten Gekreisch der Zikaden; wenn die Vögel sich nicht mehr zeigen und die Reisenden erschöpft sind von Hitze und Müdigkeit – zu dieser Zeit also nahm Śakra, der Herr der Gottheiten, die Gestalt eines Brāhmanen an und weinte und klagte nicht weit von dem Platz, wo die vier Tiere lebten.

Er weinte und klagte laut wie einer, der seinen Weg verloren hat und nun aufgerieben ist von Hunger und Durst, Kummer und Sorge. Die vier Freunde eilten, bewegt von den Hilferufen, zu jener Stelle und als sie ihn wahrnahmen, der das elende Aussehen eines verirrten Reisenden hatte, näherten sie sich ihm und sprachen tröstend: »Seid nicht mehr bekümmert und denkt nicht, Ihr hättet euch in der Wildnis verirrt. Wenn Ihr bei uns seid, so denkt, als ob Ihr mit euren Schülern beisammen wärt. Gewährt uns deshalb die Gunst, heute unsere Aufwartung anzunehmen. Morgen mögt Ihr Euren Weg entsprechend Eurem Wunsch fortsetzen.«

Auf das stillschweigende Einverständnis des Reisenden hin eilte der Fischotter freudig erregt davon und kehrte mit sieben Fischen zurück, die er ihm anbot: »Diese sieben Fische fand ich auf dem trockenen Boden, wo sie bewegungslos lagen. Sie sind wahrscheinlich von Fischern vergessen worden. Eßt davon und bleibt hier.«

Dann brachte ihm der Schakal Nahrung, die er gerade bei sich hatte, und sprach: »Hier, Reisender, sind eine Eidechse und ein Gefäß mit saurer Milch, von jemand zurückgelassen. Seid so gut und erfreut euch daran und verweilt diese Nacht in diesem Walde. Danach kam der Affe mit wunderbar reifen Mango-Früchten herbei. Sie zeichneten sich aus durch ihre goldene Farbe, ihre Weichheit, ihre roten Stielenden und ihre runde Form. Und der Affe sprach: »Reife Mangos, köstliches Wasser und erfrischenden Schatten habe ich für euch, Brāhmane. Erfreut euch dessen und bleibt diese Nacht hier.«

Dann näherte sich der Hase, verneigte sich und bat den Brāhmanen, seinen eigenen Körper als Gabe anzunehmen. Und er sprach: »Ein Hase, der im Wald aufgewachsen ist, hat keine Bohnen oder Sesamsamen oder Reiskörner anzubieten; bereitet euch daher diesen meinen Körper über dem Feuer und wenn ihr euch damit genährt habt, verweilt diese Nacht in der Einsiedelei. An dem festlichen Tag der Ankunft eines Bettelmönches gibt jeder von dem, was er an Vorräten hat, um seine Bedürfnisse zu stillen. Mein Besitz ist auf meinen Körper beschränkt. Nehmt ihn also, diese Gesamtheit meines Besitzes.«

Śakra antwortete: »Wie wäre es möglich, daß jemand wie ich ein anderes Lebewesen töten könnte? Um wieviel weniger ein Lebewesen wie dich, der du mir Freundschaft gezeigt hast.«

Der Hasen-Bodhisattva antwortete: »In der Tat, Brāhmane, es steht euch gut an, daß ihr zum Mitleid geneigt seid. Gewährt mir aber zumindest die Gunst, auf diesem Platz hier zu verweilen. In der Zwischenzeit, so denke ich, werde ich Mittel finden, euch meine Ergebenheit zu zeigen.«

Nun erzeugte Śakra, der Herr der Gottheiten, der seine Absicht verstand, magisch einen Haufen Holzkohle, der ohne Rauch brannte. Er hatte die Farbe von reinem Gold, sehr dünne Flammen schossen daraus hervor und unzählige Funken zerstoben in alle

Richtungen. Der Hase, der alles im Auge behielt, nahm das Feuer wahr und sagte erfreut zu Śakra: »Ich habe das Mittel gefunden, um euch meine Ergebenheit zu zeigen. Ihr aber müßt meine Hoffnung erfüllen, mit der ich Euch diese Gabe darbiete, und Euch meines Körpers erfreuen. Seht, großer Brāhmane, es ist meine Pflicht, Wohltätigkeit zu üben und in einer Person wie Euch habe ich einen werten Gast gefunden. Eine solche Gelegenheit für die Hingabe meines Körpers kann nicht leicht nochmal gefunden werden. Meine Hingabe sei nicht nutzlos, insoweit sie von euch abhängt.«

Mit diesen Reden überzeugte ihn der Hasen-Bodhisattva und nachdem er ihm durch seinen Gruß seine Hochschätzung bezeugt hatte, sprang er mit größter Freude, wie jemand, der begierig nach Besitz ist und plötzlich einen Schatz sieht, in das lodernde Feuer.

Als der Herr der Gottheiten diese Tat sah, war er von höchster Bewunderung erfüllt. Seine eigene Gestalt als Gottheit wieder annehmend, pries er den Hasen-Bodhisattva mit höchst lobenden Worten. Und er nahm den Hasen-Bodhisattva unversehrt aus dem Feuer und zeigte ihn den anderen himmlischen Gottheiten: »Wie er seinen Körper heute hingegeben hat ohne zu zögern, um seinem Gast gegenüber wohltätig zu sein! Welch ein Gegensatz zwischen seiner Existenz als Tier und der Hochherzigkeit seiner Selbsthingabe! Wie sein Geist durchtränkt ist mit dem Duft beständiger Übung der Tugenden!«

Und um diese außerordentliche Tat noch zu erhöhen, schmückte Śakra, der Herr der Gottheiten, mit dem Bild des Hasen die Scheibe des Mondes. Und die Menschen sagen, der Hase im Mond sei Śākyamuni.

Bibliographie

1. Quellen

a) Japanisch:

Konjaku-monogatarishū, ed. Nihonkotenbungakutaikei 22–26, hrsg. von Yamada Yoshio u. a. 5 Bde. Tōkyō, Iwanami 1959–1963.

Yōkyokutaikan, hrsg. von Sannari, Kentarō 4. Bd., Tōkyō, Meijishoin 1956.

b) Europäisch:

Speyer, J. S.: The Gātakamālā or Garland of Birth-Stories by Ārya Sūra. London 1895.

2. Weitere benutzte Literatur

Borsig, Margareta von: Juwel des Lebens. Buddhas erleuchtetes Erbarmen. Aus dem Lotos-Sūtra. Freiburg i. Br. 1986 (Herderbücherei. Texte zum Nachdenken. 1309)

Borsig, Margareta von: Leben aus der Lotosblüte. Freiburg 1976.

Chavannes, Édouard: Cinq Cents Contes et Apologues extraits du Tripitaka Chinois. Tome I–III, Paris 1910–1911.

Dutoit, Julius: Jātakam. Das Buch der Erzählungen aus früheren Existenzen Buddhas. Bd. I–VII, Leipzig 1908–1921.

Foucher, Alfred: Les Vies antérieures du Bouddha. Paris 1955.

Gundert, Wilhelm: Bi-Yän-Lu, Meister Yüan-wu's Niederschrift von der Smaragdenen Felswand. München 1964.

Mehlig, Johannes: Buddhistische Märchen. Wiesbaden 1982.

Nyanatiloka: Buddhistisches Wörterbuch. 3. Aufl. Konstanz 1983.

Ratzinger, Joseph: Eschatologie – Tod u. ewiges Leben. Kleine Kath. Dogmatik IX. Regensburg 1977.

Winternitz, Moriz: Geschichte der indischen Literatur, Bd. 2, Stuttgart 1968 (unveränderter Nachdruck der Auflage von 1920).

Botschaft aus dem Osten

Juwel des Lebens
Buddhas erleuchtetes Erbarmen
Aus dem Lotos-Sutra von Margareta von Borsig
Band 1309, 160 Seiten

Regina und Michael von Brück
Ein Universum voller Gnade
Die Geisteswelt des tibetischen Buddhismus
Band 1257, 160 Seiten

Lotosblüten im Sumpf
Überlieferung der wunderbar gütigen Menschen
Aus dem japanischen Jodo-Shin-Buddhismus
Von Claudia Lenel
Band 1048, 128 Seiten

Erhard Meier
Kleine Einführung in den Buddhismus
Band 1158, 160 Seiten

Buddha für Christen
Eine Herausforderung
Einleitung von Erhard Meier
Textauswahl von Adel Theodor Khoury
Band 1303, 192 Seiten

Botschaft aus dem Osten

Mahatma Gandhi
Aus der Stille steigt die Kraft zum Kampf
Von der Macht des Gebetes
Band 1385, 128 Seiten

Mahatma Gandhi
Handeln aus dem Geist
Band 632, 128 Seiten, 13. Aufl.

Sri Ramakrishna
Setze Gott keine Grenzen
Gespräche des indischen Heiligen mit seinen Schülern
Aus dem Bengalischen übersetzt, ausgewählt und eingeleitet von Martin Kämpchen
Band 1165, 160 Seiten

Im Lebenskreis der Armen
Indisch-christliche Spiegelungen der Hoffnung
Von Martin Kämpchen
Mit Holzschnitten von Jyoti Sahi
Band 892, 128 Seiten

Peter Schreiner
Begegnung mit dem Hinduismus
Eine Einführung
Band 1143, 128 Seiten

Herder Taschenbuch Verlag